小中一貫の学校づくり

亀井浩明　監修　　品川区立小中一貫校 日野学園　著

教育出版

義務教育改革のモデル

帝京大学名誉教授　亀　井　浩　明

　今，義務教育が大きく変わろうとしています。教育基本法の改正をはじめ法的な整備がなされ，いよいよ，改革が児童生徒の毎日の学習のレベルにまで進んできました。本格的な段階になってきたと言ってよいでしょう。

　品川区教育委員会は，「品川区教育改革『プラン21』」を区民に示して，教育全般に積極的な改革を推進してきました。その一環として，「小学校中学校一貫教育」を足掛け4年の準備期間を経て平成18年4月からすべての小・中学校でスタートさせました。考えてみますと，小学校・中学校という区別は制度としては必要ですが，一人一人の児童生徒の人間的成長は区切られていないのです。小学校を卒業した3月31日と中学校に入学した4月1日は完全に連続しているのです。加えて，教育基本法の改正を契機に，改めて義務教育という考えが重視されています。9年間を通して国民として基礎的な力を育成することが重視されているのです。このような意味から小中一貫という発想は重要です。

　日野学園は平成18年4月，小中一貫校として開校し，新しい発想でアイデア豊かな教育活動を推進してまいりました。これに対し，義務教育改革のモデルとして全国各地から大勢の人が参観に訪れています。

　この度，その成果を一冊の書籍に集約することとなりました。内容は，6年間の実践の経過を検証するものです。教育課程についての研究・実践の歩み，一貫教育を有意義なものにするための学校経営の改善，学習指導での工夫，特にステップアップ学習という特色ある教育活動をはじめとする創意工夫をこらした教育活動等，改革全般について実態をもとに振り返り，今後のさらなる発展を目指そうとしているのです。これらの教育活動は，日野学園が校長を中心に全教職員一体となって新しい発想から構築したもので，全国の教育改革に貴重な示唆を与えるものです。是非，多くの方に読んでいただきたいと思います。

小中一貫教育のオピニオン・リーダーとして

品川区教育委員会教育長　若 月 秀 夫

　この度，品川区立小中一貫校日野学園が，文部科学省研究開発学校として研究実践の軌跡をまとめられましたことを大変喜ばしく思うとともに，本書が全国各地で小中一貫教育をはじめとした教育改革に取り組まれている皆さんの実践の具体的な糧となることを心から願っております。

　昨今，国をあげての教育改革論議が行われていますが，すでに品川区では平成11年度に教育改革「プラン21」を策定し，学校選択制の導入をはじめ，独自の外部評価者制度や学力定着度調査，小中連携教育などを進めてまいりました。こうした取り組みの中から小中一貫教育の必要性を確信し，本校の構成母体である第二日野小学校と日野中学校では文部科学省研究開発学校として，平成14年度より小中間の連携・接続のあり方を他に先駆けて追究してまいりました。そうした長きにわたる研究・実践を重ね，平成18年4月に全国初の施設一体型小中一貫校として開校するに至ったものです。

　しかし，従来の発想を転換して教育を見直し改善するということは難しく，形の上で変えることはできても，授業観や教育観，指導法・教材等のレベルまで変えるのは至難なことでした。本校は全国初といわれる施設一体型小中一貫校であり，ハード面・ソフト面ともに「9年制義務教育学校」としての機能を有し，教育課程はもちろん組織・運営や施設面でも新たな先駆的な試みで学校教育の抜本的な転換を図ってまいりました。その結果，子どもたちの活動や教職員の業務の状況など，多岐にわたる成果が現れています。

　本区独自の学習指導要領「小中一貫教育要領」をもとに，授業時数の増加やつまずきやすい学習内容に対する学年を超えたスパイラルな指導，5年生以上の教科担任制の導入などにより，子どもたちの学習意欲は高まってきており，基礎学力もすべての学年で着実に向上しています。また，児童生徒の行動面や情緒面でも日常的な幅広い異学年交流により，特に8・9年生が最高学年としての自覚を高め非常に落ち着いており，小学校段階から7年生に進級する生徒に不登校の状況は見られないなどの具体的な報告も受けております。9年間を見通した学習・生活指導の効果のみならず，「年齢差のある異質な仲間」が同居した集団の中で生活を経験するという新しい環境によって，今日の子どもたちに不足がちな多様な人間関係形成の可能性が広がり，豊かな社会性を身に付ける効果が出始めており，確かな手応えを感じております。

　さらに，品川区では，学校現場の諸課題を克服していくために，社会の形成者として

の資質能力や態度を身に付ける「市民科」や，1年生から英語によるコミュニケーションを親しむ「英語科」，個に応じた指導を充実させ確かな学力の定着を図る「ステップアップ学習」など，独自の教育施策を展開しています。これらの具体化にあたっては本校での取り組みの成果が大いに生かされました。

　現在，本校をはじめ小中一貫教育の実践に対して，連日多くの自治体や学校現場から視察や問い合わせが殺到しており，全国から大きな期待と注目を集めていることがわかります。改めて本書を通じて，新しい価値観を生み出す小中一体という学校社会をどのように育て，どのように組織化するか，さらに，小中学校の教師間に根強く存在していた相互不信や不干渉主義ともいえる意識や，互いに責任を転嫁してきた風土といったものをいかに克服していくのか，本校での具体的実践の中から多くの示唆を見いだしていただけることと思います。

　最後になりましたが，本校の研究推進にあたり，ご指導いただきました文部科学省や多くの先生方に対し，改めて深甚なる謝意を表するとともに，本校のさらなる研究実践の充実と発展を祈念いたします。

は じ め に

品川区立小中一貫校日野学園校長　菅　谷　正　美

　「果たして，小中一貫教育は成果があるのか？」という多くの皆様の疑問に答えるために，本書は，日野学園の教員が一丸となって研究の有り様をまとめたものです。小中一貫教育を進めようとしている同行の教育者の皆様や，また，小中一貫教育に対して期待を寄せる多くの方々に日野学園の6年間にわたる研究の内容をお知らせし，ご批判や賛同などさまざまなご意見が飛びかうことを期待しております。

　さて，義務教育の9年間を従来の6年・3年という区切りではなく，一貫した9年という長い年月で教育を行うのが小中一貫教育ですから，厳密な意味での成果は，本学園に入学され9年間の過程を経て卒業生を出さなくては評価できません。しかし，小中一貫教育を進めてみて，成果の芽がところどころに出ていることははっきりしております。細部にわたることは，この研究書の各章・各項目に書かれておりますが，結論から言いますと，これまでの小学校や中学校では得られなかった新しい成果が期待できます。それも，大きな成果だと思います。

　まず，教師が，指導技術向上だけでなく精神的にも大きな変容を遂げました。日野学園の教職員は，小学校でも中学校でもない新しい義務教育学校の教職員であるとの自覚のもとに日々，児童生徒の教育に汗を流すようになりました。これまでにない変化であると言えましょう。また，児童生徒も大きく変わりました。特に，上級生の行動や心が幼い1・2年生とともに生活することで柔和になり，優しくなってきました。次に，小学校と中学校の間のギャップがないことから，進学による不登校が皆無となっています。これは，劇的な変化であると思います。また，新しい教育課程は保護者の期待感を刺激し，日野学園を希望する方が年々増加しております。学園としてはうれしいのですが，毎年，定員をオーバーする申し込みがあり，抽選になっておりますので，心苦しい思いもしております。

　日野学園の研究は，一つの学校の教育課程の研究開発だけにとどまらず，品川区をあげてのカリキュラム開発に大きな力を得ております。文部科学省，品川区，品川区教育委員会をはじめとして，これまでの日野学園の研究にご指導・ご協力いただきました多くの皆様方に感謝を申し上げます。ありがとうございました。教育改革はこれからです。日野学園は皆様のご期待に応えるために，今後も日々研究・研鑽を積み上げてまいります。

目　次

義務教育改革のモデル……………………………………………………………iii
小中一貫教育のオピニオン・リーダーとして…………………………………iv
はじめに……………………………………………………………………………vi

第1章　小中一貫教育とは ───────────────── 1

第1節　今，なぜ小中一貫教育が必要なのか……………………………2
1　小中一貫教育の必要性　2
2　「プラン21」の流れ　3
3　学校改革と教員意識，学校経営の改善　4
4　児童生徒の変容　5

第2節　品川区の取り組み…………………………………………………7
1　学校選択制　7
2　学校公開　7
3　外部評価者制度　8
4　学力定着度調査　8
5　小中一貫カリキュラム開発　9
6　小中一貫教育全区展開　9
7　品川区立小中一貫校日野学園開校　10

第3節　品川区の教育要領…………………………………………………10
1　品川区の教育課程　10
2　品川区のカリキュラム　13
3　品川区の教科書・副教科書・指導書　19

第2章　小中一貫校日野学園の実践 ─────────────23

第1節　日野学園はどんな研究をしているのか………………………24
1　研究の体制はどのように変わってきたのか　24
2　研究開発の活動はどのようなものか　25
3　中間報告会でどのようなことをしているのか　25
4　授業実践を通してどのような研修をしているのか　26

第2節　教育課程の編成……………………………………………………27
1 日野学園開校前の試行　27
2 小中一貫校日野学園の誕生　29
3 日野学園の評価・通知表　31

第3節　一貫体制の構築……………………………………………………34
1 日野学園開設前の取り組み　34
2 一貫体制　37
3 三つのブロックの実践　46
4 5・6年生の教科担任制　49
5 異学年交流B＆S（Brother & Sister）の取り組み　51
6 児童生徒会の活動　55
7 部活動　58
8 ＩＴ化の推進　59
9 特別支援体制　64
10 教育相談　67

第4節　ステップアップ学習………………………………………………69
1 なぜ，ステップアップ学習が必要なのか　69
2 ステップアップ学習とは，どのような学習なのか　70
3 ステップアップ学習を，どのように進めているのか　71
4 1－4ブロックのステップアップ学習　72
5 5－7ブロックのステップアップ学習　73
6 8－9ブロックのステップアップ学習　74
7 ステップアップ学習を実施していくうえでの工夫　76

第5節　小1からの英語科……………………………………………………78
1 コミュニケーション能力の育成　78
2 小中の連続的な指導　80
3 文字指導への過程　83
4 ALT・ボランティアの活躍　88
5 小学校担任による英語指導と教材　89
6 小学生の英語検定　91
7 DATA　93

第6節　市民科の実践…………………………………………………………94
1 日野学園の年間指導計画　94

2　1〜9年の系統立てた単元構成　　95
　　3　市民科と授業研究・授業公開　　98
　　4　市民科と道徳，特別活動，総合的な学習　　100
　　5　市民科とキャリア教育　　103
　　6　市民科と茶道　　109
　　7　市民科と評価　　111

　第7節　水泳鍛錬……………………………………………………………113
　　1　温水プールの利用　　113
　　2　低学年の水泳指導　　114
　　3　児童の感想　　115
　　4　児童の泳力の変化　　115

　第8節　学区域の小学校との連携……………………………………………116
　　1　4校生活指導連絡会での研究　　116
　　2　平成19年度の取り組み　　117
　　3　今後の課題　　118

　第9節　地域活動……………………………………………………………119
　　1　五反田地域の清掃活動　　119
　　2　五反田駅前緑化推進活動　　120

第3章　成果と課題　　121

　第1節　成　果………………………………………………………………122
　　1　児童生徒　　122
　　2　教職員　　126
　　3　保護者・地域　　129
　　4　教育課程　　130

　第2節　課　題………………………………………………………………132
　　1　施設面　　132
　　2　校内組織　　132
　　3　各教科の小中一貫カリキュラム　　133
　　4　市民科　　134
　　5　ステップアップ学習　　134
　　6　生活指導　　134

    7 教育課程・日課表について　　135
    8 各行事について　　135
    9 4－3－2のまとまりについて　　135
    10 小中学校教員の意識について　　135

資料　① 年間行事予定表 …………………………………………………………… 137
　　　② 週時程表 ………………………………………………………………… 138
　　　③ 各教科，ステップアップ学習，英語科，市民科の年間授業時数配当表 …… 139

　　　次の10年をみつめて…………………………………………………………… 140

第1章
小中一貫教育とは

第1節 今，なぜ小中一貫教育が必要なのか

1 小中一貫教育の必要性

　いじめ，不登校，学力の低下など教育を取り巻くさまざまな課題が山積するなか，学校を変えなければならないという認識はあっても，なかなか有効な手だてが見つからないのが現実である。品川区の不登校の発生率〈→図1－1〉を学年別に見ていくと，6年生から中学1年生にかけて大きく上昇している。また，問題行動の発生率〈→図1－2〉を見ても中学2年生に急上昇していることから，これらの問題は主に中学校の問題としてとらえられがちであった。しかし，子どもの成長が連続性をもっていることを踏まえると，小学校に遡って考える必要があり，特に小学校から中学校の接続の場面での学習や生活指導の継続性，系統性が希薄であるという問題点が浮かび上がってくる。

　義務教育9年間といっても，現実には小学校6年間と中学校3年間の学校風土は大きく異なっている。小学校から中学校へ入学したとたん，指導形態や教師とのかかわり方，学習内容の量や質など教育環境が著しく変化することに対し，子どもたちには否応なしに適応が迫られる。この段差は，心理的にも身体的にも不安定な成長期にある子どもたちにとって大きな負担となっているのではなかろうか。小学校の教員は「知識重視の画一的学習指導」「威圧的な生活指導」と中学校に不信感をもち，逆に中学校の教員は「基礎・基本の学力の定着」「基本的生活習慣の定着」について小学校への不信感をもっている。

　相互の不信感により責任転嫁しあう姿勢からは，何ら解決策が見えてこない。互いの欠点や課題を克服し，よさを生かそうという発想に立ち，接続をスムーズにしながら，9年間の連続した子どもの成長を責任をもって支えなければならない。そのためには，義務教育9年間を通して系統的な教育活動の展開を目指す小中一貫教育が必要なのである。

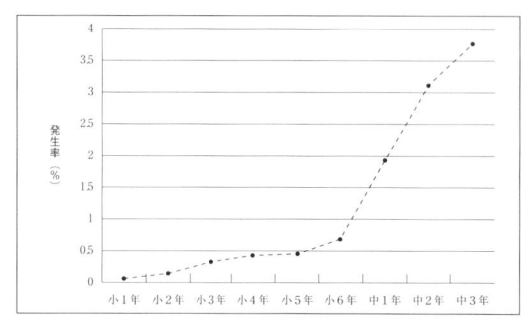

〈図1－1〉不登校の発生率

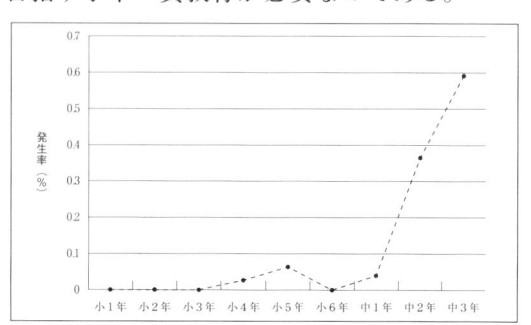

〈図1－2〉問題行動の発生率

2 「プラン21」の流れ

　品川区の小中一貫教育は，品川区教育改革「プラン21」の延長線上に位置付けられている。「プラン21」とは何かというと，21世紀の新しい学校づくりを目指して平成12年度からスタートした品川区の教育改革のことである。変わらなければならないという認識はあっても，なかなか変われないでいる学校現場の閉塞状況を打破し，新たな展望を開きたいとの思いから，以下のコンセプトによる取り組みが始まった。

---「プラン21」コンセプト（21世紀の学校づくり）---
①社会の変化に主体的に対応し，品川区の教員，公立学校の質を向上させる改革
②学校の主体性・自律性の発揮と学校を支える教育委員会のサポート体制の充実
③学校，家庭，地域社会との実質的な連携を充実する教育の推進
④品川区の「第三次長期基本計画」に位置付けた計画的・段階的な改革

　平成12年度には小学校，平成13年度には中学校において，より子どもに適した教育を受けさせたいという保護者の願いに沿った学校が選べるよう学校選択制が始まった。並行して各学校は「個別学習」「習熟度別学習」「小学校の教科担任制」「中学校の公開授業」「小中連携教育」「小学校での英語学習」などの特色づくりに取り組んだ。続いて平成14年度には「外部評価者制度」，平成15年度に「学力定着度調査」を導入し，具体性・客観性のある学校評価，確かな学力の定着を目指すとともに，学校としての説明責任・結果責任を果たしていくことになった。

　「プラン21」の目標は，各学校がそれぞれの児童・生徒や地域の特性を生かした特色ある学校づくりを進めるなかで，地域・家庭と連携して持ち味を出していくことにより，学校全体の活性化を図ることである。また，これらの取り組みを通して，これまで変われないでいた学校の体質の転換，教員の意識改革を図り，学校経営のあり方そのものの見直しをねらいとしている。

　小中一貫教育はこの延長線上にあり，当初は小中一貫校での先行実施が考えられていた。しかし，研究・検討を進めていく過程で，その意義や効果が確かめられ，保護者，地域，議会からの要望もあって，すべての小・中学校で実施することとなった。

　そして，平成18年度4月からすべての小・中学校で小中一貫教育がスタートし，「義務教育学校」の創設を視野に入れた「小中一貫校日野学園」が開校したのである。

3 ● 学校改革と教員意識，学校経営の改善

　「プラン21」により，学校の立場は「選ばれる学校」「外から評価される学校」へと大きく変わった。学校改革と教員の意識変革を促すため，好むと好まざるとにかかわらず，結果的に「そうせざるを得ない状況」を意図的に作り出し，学校は変わらざるを得なくなった。これまでの学校改革はこのような経営論的な発想が欠けていたために，さまざまな工夫を試みてもなかなか本質的に学校を変えるには至らなかった。

　学校が地域や保護者から評価され，選ばれる立場となり，選ばれなければ学校そのものの存在が危うくなる状況は，自己満足的で現状維持でよしとする教員の意識に変化と緊張感を生み出した。切磋琢磨しながら互いに向上を目指すというのは，人の成長にあてはめると当然のことである。学校もそれぞれの特色を生み出しつつ切磋琢磨しあい，確実に成果を上げていく学校経営が求められるようになった。成果と課題を整理し，外からの評価に対してどのように受け止め，どのように具体的な改善策を打ち出していくかを明確にし，保護者や地域に対して説明責任を果たしていかなければならない。

　「プラン21」による学校改革が進むにつれ，教員の意識にも変化が見られた。保護者や地域の声を生かし，結びつきを強めようという意識が高まった。地域との連携活動なども，祭礼パトロールなど従来から行われていたものばかりではなく，それぞれの地域の要望や特色を生かしてさまざまな活動が行われるようになった。また，保護者や地域に対して積極的に情報を発信しようという意識も高まった。風評などではなく，正しい学校の姿を理解してもらい，家庭・地域との信頼関係を築くためである。

　さて，小学校・中学校間の教員の意識の違いをどう埋めていくかという課題についてであるが，日野学園のような施設一体型の学校と施設分離型の学校とでは条件が大きく異なる。9年生までが同じ校舎で生活し，小中の教員が同じ職員室で相互に校務分掌，授業を分担する環境が整っている日野学園では，互いのよさを直接感じ取ることができる。一方，施設が離れている学校はどうしても連携活動には物理的な制約があり，工夫が求められる。いずれにしても，品川区で独自に作成した『品川区小中一貫教育要領』による9年間のカリキュラムを確実に進めながら，小中の教員が一体となって子どもたちの課題を解決していこうとする姿勢が重要となる。

4 児童生徒の変容

　一貫校による小中一貫教育がスタートし，子どもたちにはどのような変容が見られたのであろうか。平成15年度から平成19年度における知能テストから期待される学力の変化は次のとおりである。

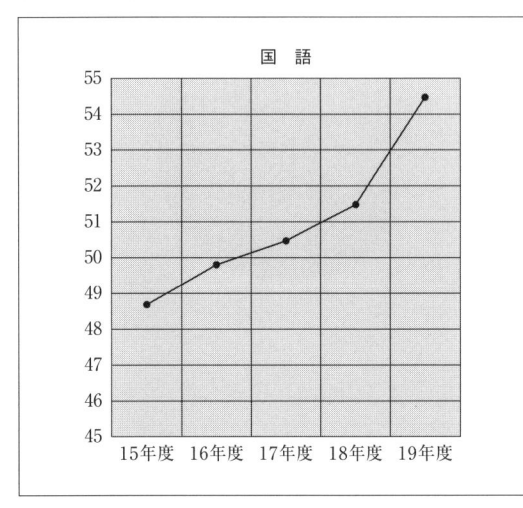

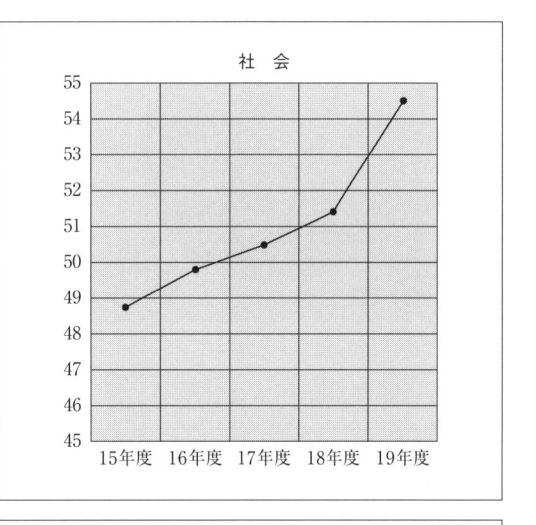

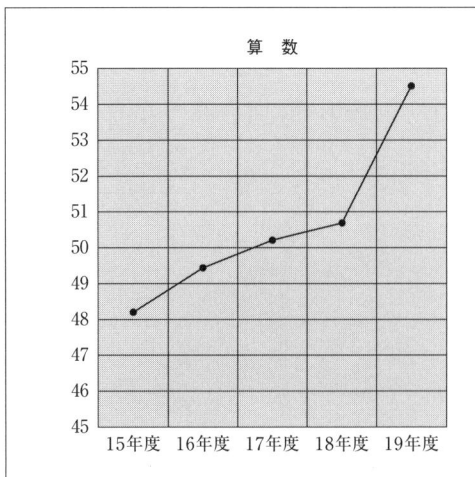

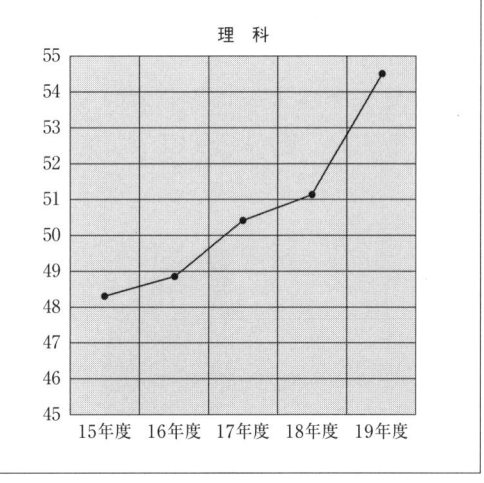

国　語

社　会

算　数

理　科

　4年間の変化を国語，社会，算数，理科の4教科から学力の学校平均を求めると，上の図のような結果となった。教師の指導力向上のための校内研究会が児童の学力向上にも着実に生かされていることがわかる。

　また，今年度の6年生に小中の接続についての意識調査を行ったところ，中学生（7年生）に進級する時に不安がないと感じている生徒が42％おり，逆に，楽しみに感じている生徒が78％いることがわかった。4年前，区で実施した意識調査では70％以上の児童が不安を感じている（勉強等）と回答しており，5年生からの教科担任制の実施や部活動参加，

5－7ブロックの活動，学校行事の全校的取り組み等，小中一貫教育の実施が心理的不安の減少につながっていると思われる。

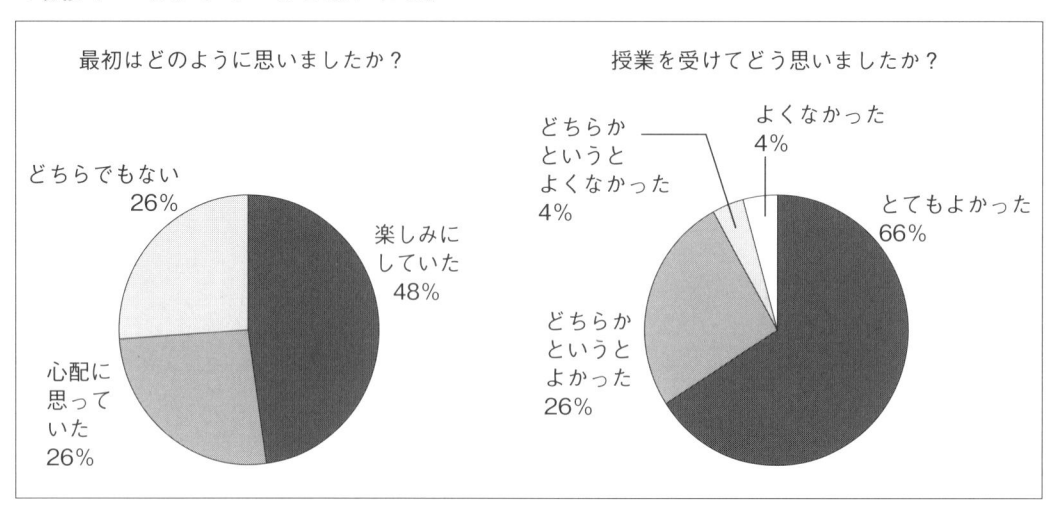

最初はどのように思いましたか？
- 楽しみにしていた 48%
- どちらでもない 26%
- 心配に思っていた 26%

授業を受けてどう思いましたか？
- とてもよかった 66%
- どちらかというとよかった 26%
- どちらかというとよくなかった 4%
- よくなかった 4%

教科担任性についてのアンケート　対象：5年全児童（23名）　アンケート実施：平成18年7月

初めて教科担任制を経験する5年生を対象としたアンケートによると，教科担任制が始まる前から楽しみにしていた児童は約半数だった。逆に心配していた児童も26％ほどいたが，実際に授業を受けてみると，とてもよかったと答えた児童が66％，どちらかというとよかったと答えた児童を含めると92％が肯定的にとらえていることがわかった。また，中学校の教員が小学生を直接指導することは，小中の接続を考えるうえで，教員の意識改革にもつながっている。開校当時の4月の教師の意識が，4ヶ月間の小学生への指導を経験することによって，以下のように変容している。

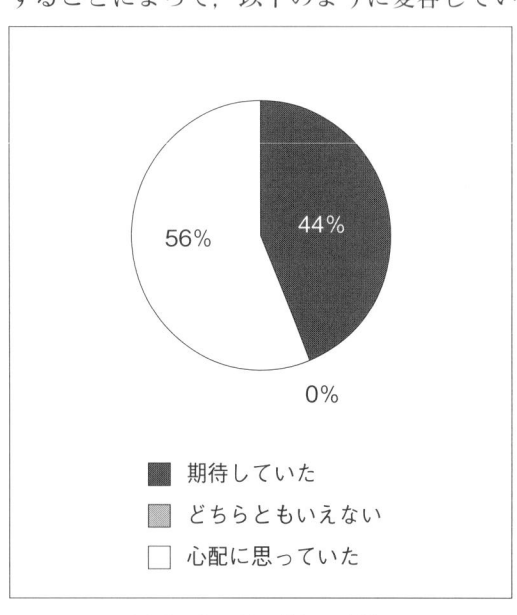

平成18年4月の教師の意識
- 期待していた 44%
- どちらともいえない 0%
- 心配に思っていた 56%

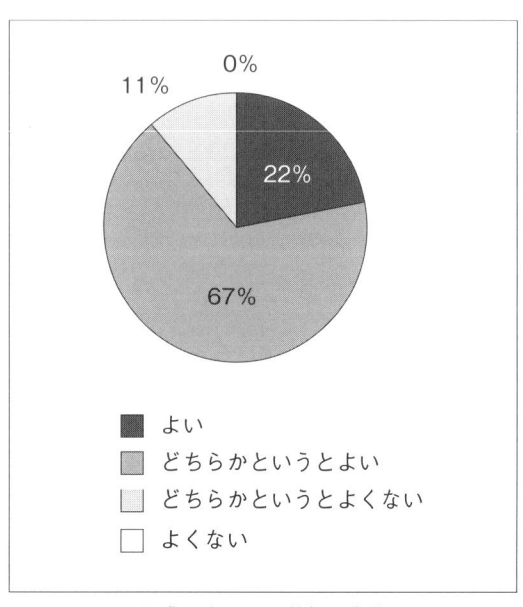

平成18年9月の教師の意識
- よい 22%
- どちらかというとよい 67%
- どちらかというとよくない 11%
- よくない 0%

第2節 品川区の取り組み

1 学校選択制

「どうして近くの学校に通うことができないのかい？」。高橋久二区長（当時）の疑問から始まったといわれる品川区の学校選択制。縦約7km，横約4kmほどの狭い土地に，小学校40校，中学校18校がひしめきあっている品川区では，すぐ近くに学校が複数校存在している。品川区は学校選択制を手始めとして，学校の特色を前面に押し出す「プラン21」（学校改革）に取り組むことになった。平成11年の年末に発表されたその政策は，現場の私たちにとって衝撃的なものだった。小学校では翌平成12年度4月から，中学校では平成13年度から本格的に学校選択制はスタートした。現場の私たちは，少しでも学校の特色を出して学校を選んでもらうようにと，毎日の授業や行事に工夫を凝らすようになった。そして，情報提供のために学校公開も積極的に行うようになった。

2 学校公開

保護者にとって，学校を選択する判断の一つに学校公開がある。学校選択制が行われるようになって，学校公開の様子も変わった。それまでは学校公開といっても，ふだんの授業参観と同じで，来校されるのは自校の保護者か近隣の就学前の保護者だった。ところが，学校選択制が行われるようになると，自校の学区域外から就学前の子どもを持つ保護者や地域の方々が大勢来校されるようになった。しかも，そういう方々は近隣の学校が行っている学校公開にも参加されているのだ。学校公開は，必ず10月中に1週間程度行うことが全区で統一され，学校説明会も行う（10月末が学校選択希望の締め切り日になっている）。各学校ではそれぞれ工夫を凝らした行事や授業が組まれるようになった。各校の工夫された学校紹介用のパンフレットが作られるようになったのもこのころからだ。

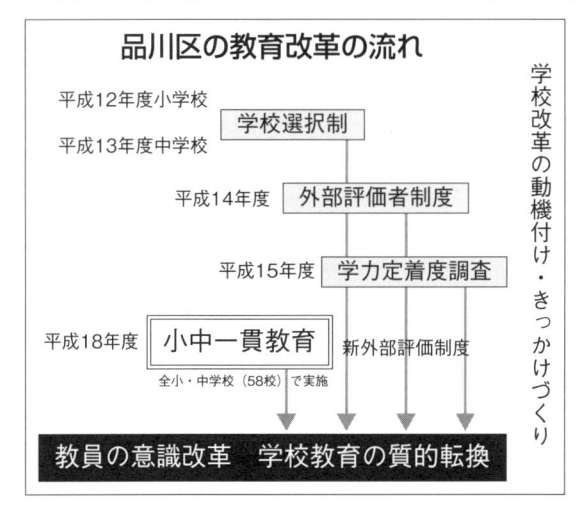

品川区の教育改革の流れ

- 平成12年度小学校／平成13年度中学校　学校選択制
- 平成14年度　外部評価者制度
- 平成15年度　学力定着度調査
- 平成18年度　小中一貫教育　全小・中学校（58校）で実施／新外部評価制度

学校改革の動機付け・きっかけづくり

→ 教員の意識改革　学校教育の質的転換

3 外部評価者制度

　品川区では，今までの学校運営の方法を見直し，成果基盤型の学校運営を推し進めるようになった。校長の示す学校経営方針に基づき，各学校がどの程度成果を上げているかを測るために第三者的存在の評価者機関を作った。それが外部評価者制度である。

　今までの学校評価は，校内に従事する教職員が自らの校務分掌や運動会や学芸会などの特別委員会などが行ったことを次の年度に生かす，内部評価が主だった。自分たちがやったことを自分たちで評価するわけだから，自然と甘くなりがちだった。また，子どもの学力定着に対しても，特別な指針を外部に示すこともなく，校内研究の充実をもって成果としている部分があった。

　外部評価者は，学識経験者を中心に保護者代表としてのＰＴＡ会長や地域の代表など，学校に関係の深い方々が集まって組織された。教職員の出す内部評価と外部評価者が出す外部評価とをもとに，校長は次年度の学校経営方針を見直すことになった。その結果は各校のホームページでも公表されるようになった。これは，保護者が学校を選択するうえでの一つの参考となった。

4 学力定着度調査

　「プラン21」による教育改革の実施後２～３年もすると，各学校の特色がはっきりとするようになってきた。国際理解として小学校から英語に取り組む学校，情報教育としてパソコンを活用する授業を行う学校，近隣の福祉施設と連携した学校などさまざまである。授業形態も変わった。今まで一斉指導が当たり前だった授業も，少人数指導や習熟度別学習，個別学習など，バラエティーに富んだ授業展開をするようになった。

　このように各学校の特色がはっきりしてくると，保護者は今まで学校に聞きたくてもなかなか聞くことができなかったことを聞くようになってきた。それは，「ちゃんと学力をつけてくれているのかしら」ということだった。これは，就学前の保護者にとっても，大切な学校選択のポイントだった。

　そこで品川区では，全小学校の５年生と全中学校の２年生（平成18年からは，４年と７年）を対象とした学力定着度調査（算数・数学，国語）を行った。平成15年度のことだった。その結果は，すぐに各学校に戻され，各学校は結果をもとに，これからの指導のあり方をホームページ等で公表したのだった。このことは，学校を選ぶ保護者はもとより，指導している教員にとっても大変意味深いものだった。同じくして，学校生活についてのアンケート調査も行い，子どもたちが抱える悩みや希望なども学校は把握することができた。

5 小中一貫カリキュラム開発

　義務教育9年間を見つめると，今までなかなか解決することができなかった課題に直面する。「確かな学力の定着」「小学校と中学校の滑らかな接続」なども課題のうちの一つである。また，友達との交友関係の悩み，学校生活や学習に対する悩みなどから引き起こされる「不登校の問題」もある。先述のアンケートを分析すると，そういった子どもたちの心の不安定は，右図にあるような体の成長曲線を描くことがわかってきた。

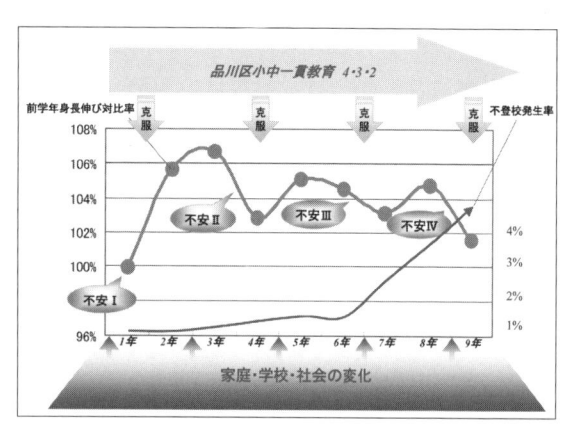

人間形成と4－3－2のかかわり

　このような子どもたちの実態を義務教育を担当する小学校・中学校が連携して解決しようとした試みはなかった。第1節の1でも述べたように，小学校と中学校の教員間にある不信感も課題解決にブレーキをかけていた。

　品川区では，児童生徒にいちばん近い教員が課題を持ち寄り，9年間の教育課程を一貫するカリキュラムを開発することで課題解決を図れると考えた。また，今までの小学校6年間・中学校3年間という制度も見直し，子どもたちの成長に適合した4年－3年－2年の枠組みで指導する教育課程を作った。これは，既成の制度に子どもたちを合わせるのではなく，子どもたちの成長に制度が作り替えられたということであった。

6 小中一貫教育全区展開

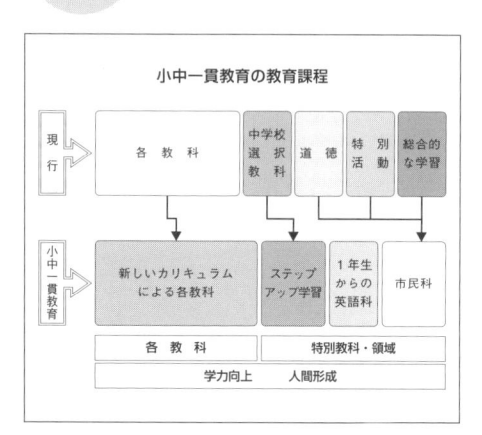

　カリキュラム開発には品川区の多くの教員がかかわった。各教科カリキュラムの再編成や道徳・特別活動・総合的な学習の時間を再編成して作られた「市民科」「1年生からの英語科」「ステップアップ学習」等。そして，必要に迫られて作った社会と算数・数学の副教科書，市民科の教科書，英語の指導書と教材の作成。多くの教員が時間をかけて作り上げたこれらの教材・教具を使って，いよいよ平成18年度4月から小中一貫教育が全区展開されたのであった。カリキュラム開発開始から3年が経過していた。

7 品川区立小中一貫校日野学園開校

　以上のような背景のなか，公立では全国初の施設一体型小中一貫校として日野学園（品川区立第二日野小学校・品川区立日野中学校）が，平成18年4月に開校した。今までだれも成し得なかった施設一体型の小中一貫教育がまさに始まったのである。

第3節 品川区の教育要領

1 品川区の教育課程

① 9年制

　小学校の6年間と中学校の3年間は，同じ義務教育でありながら全く異なった学校風土や文化，習慣をもって存在している。そのギャップに子どもたちが戸惑っているという現状の認識に立ち，9年間の連続した学びや人間形成を保障すべく始まった品川区の小中一貫教育も平成19年度で2年目を迎えた。特に施設一体型小中一貫校は，小学生とも中学生とも呼ばない1年生から9年生までが日常的に一緒に生活する学校として，9年制の趣旨を最大限に生かして運営している。1年生に入学した子どもたちが9年生までの一貫教育の中でどのような成長を見せるのか，具体的な成果が見えるまではあと数年待たなければならないが，小学校から中学校へという段差をなくした環境は，子どもたちが感じる精神的な段差を滑らかな傾斜に変え，子どもたち自身の目指すべき姿や目標を見えやすくしている。

② 4−3−2のまとまり

子どもの心理的・身体的な発達や行動面をきめ細かく追っていくと，5年生ごろを境に変化が見られる。具体的思考から抽象的思考へ移行する時期であり，心が揺れ動き不安感が強くなる時期でもある。身体的な変化も大きい。これら子どもの発達の過程に注目して，1～4年，5～7年，8・9年のまとまりで9年間をとらえている。教育課程においても，学習内容やその量，順序などを，現行の学習指導要領の内容をベースに「4−3−2」のまとまりで再編成し実施している。1～4年で基礎・基本の定着を図り，5～7年は教科の基礎・基本の徹底に重点を置き，8～9年は教科選択の幅を増やし，生徒の個性や能力を十分に伸ばすことを目指している。

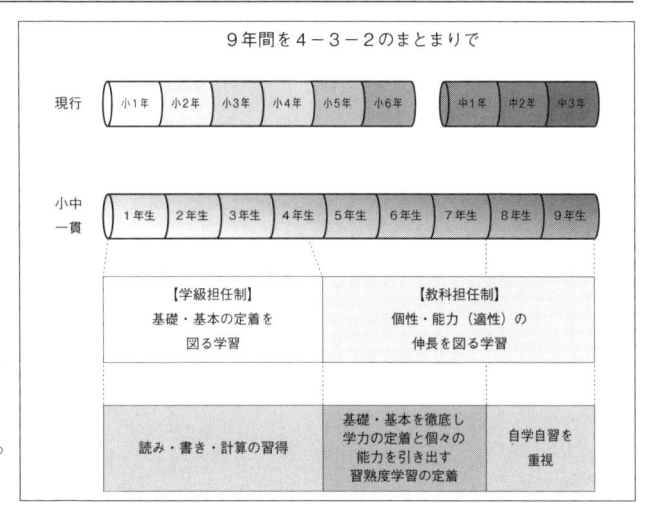

このようなまとまりで教育活動を構築していく際，その視点として4年生のリーダーシップの育成と活用，これまでは小学生のリーダーとして活躍の機会を得ていた6年生への目標のもたせ方と7年生を育てる方向性，1年生から9年生までのリーダーでもあり，義務教育修了時の9年生の姿を具体的にイメージ化することなどが重要になってくる。これらを具現化する教育活動として，一貫校，連携校ともにさまざまな取り組みを始めているところである。

③ 教科カリキュラムの改善

一貫教育の趣旨に照らし，各教科の改善を図っている。基本的に現行の学習指導要領に準拠しつつ，各教科において課題とその課題を克服するための考え方，そして小中一貫教育におけるねらいと育てたい力を明確にして，学習指導指針として示している。それに伴い，算数・数学「プラスα」や漢字学習の独自教材「漢字ステージ」など，本区独自の教科書や教材も併用して学習を進めている。

④ 選択教科からステップアップ学習へ

児童生徒にそれぞれの学習の習得状況に応じて基礎・基本の学力を徹底して身に付けさせるとともに，個々の興味・関心に応じて特定分野のすぐれた能力や学ぶ力を伸ばしていくため，ステップアップ学習を設けている。基礎・基本の確実な定着を目的とした「ステップアップ学習Ⅰ」，必修教科の学習内容のより十分な理解のための補充的学習を趣旨とした「ステップアップ学習Ⅱ」，そして，さらに進んだ内容の発展的な学習を目指す「ステップアップ学習Ⅲ」と3種類に分け，学校や児童生徒の実態に応じた多様な学習を展開している。5年生から9年生を対象にした学習であるが，その土台として1年生から4年生においても，このステップアップ学習の趣旨を生かした朝学習の時間（日野学園においては「根っこの時間」）を設定するなど，学校独自の取り組みも増えている。

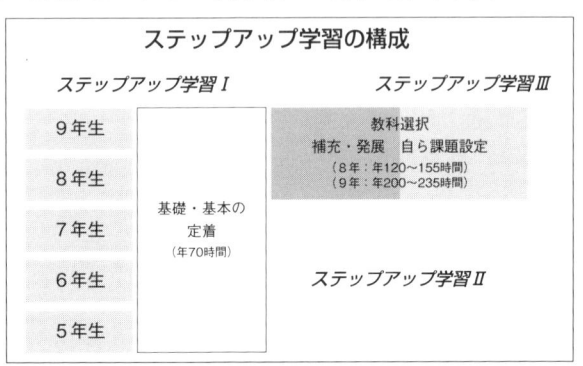

必修教科の学習との関連を図りつつ，基礎・基本を土台に興味・関心に応じて学習を進め，深めていくステップアップ学習は，自己学習力の育成を促し，キャリアアップ教育にもつながるものである。

ステップアップ学習の構成

	ステップアップ学習Ⅰ	ステップアップ学習Ⅲ
9年生		教科選択 補充・発展　自ら課題設定 （8年：年120～155時間） （9年：年200～235時間）
8年生		
7年生	基礎・基本の定着 （年70時間）	
6年生		ステップアップ学習Ⅱ
5年生		

⑤ 小学校からの英語科の導入

社会・経済におけるグローバル化が進んだ今日の状況の中，英語は母語の異なる人々をつなぐ共通語として中心的な役割を果たしている。子どもたちが21世紀を生き抜くためには，英語のコミュニケーション能力を身に付けることが不可欠であるとの認識に立ち，小学校1年生から教科として週1時間の英語の時間を実施している。

独自の教材（ティーチャーズ リソース ブック）
◇12単元名の教師用指導案を集約。
　（児童用のカードやワークシート付き）
◇低学年，中学年，高学年の3分冊で編集。
　（歌やチャンツを集めたCD付き）

9年間を通して「聞くこと」「話すこと」を中心とした一貫性・系統性のある実践的・実用的コミュニケーション能力の育成に重点を置いている。ここでも「4－3－2」のまとまりごとに，1～4年の時期は「英語に親しむ」，5～7年の時期は「英語を身に付ける」，8・9年は「英語を活用する」という達成目標を設定している。児童生徒の興味・関心を喚起する指導法や指導体制を目指して実践を積んでいる。

また，独自教材（"Teacher's Resource Book"）を作成し，小学校の担任が指導する際の手引きとしている。

⑥ 道徳，特別活動，総合的な学習の時間を統合した「市民科」

規範意識の低下や社会的マナーの欠如など，青少年の問題が指摘されるなか，児童生徒に「我々の世界」を生きる力と「我の世界」を生きる力の両方をバランスよく身に付けさせたいとの考えに立ち，道徳，特別活動，総合的な学習の時間を統合し，特別教科・領域としての「市民科」を設置し，すべての小・中学校で実施している。「市民」を広く社会の形成者という意味でとらえ，社会の構成員としての役割を遂行できる資質・能力とともに確固たる自分をもち，自らを社会に有為な存在として生きていける「市民性」を育てることを目的としている。

独自の教科書を使用し，ステップを踏んだ学習で自分の生活や行動を振り返りながら，価値観を学び，実生活で生かせる実践的な力の習得を目指している。ロールプレイやソーシャルスキルトレーニングの要素を取り入れた学習活動を組み込むなど，各学校・学級で授業構成や単元構成を工夫し，授業で学んだことが確実に望ましい行動様式の習得につながるよう努力している。

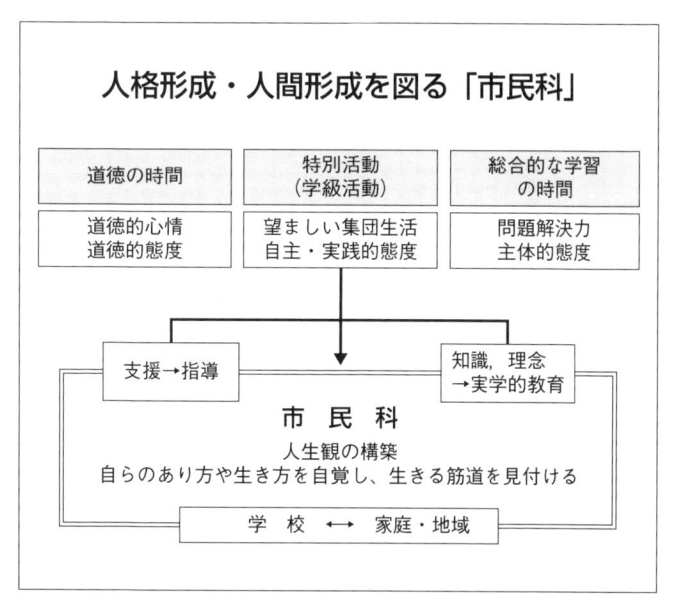

人格形成・人間形成を図る「市民科」

道徳の時間	特別活動（学級活動）	総合的な学習の時間
道徳的心情 道徳的態度	望ましい集団生活 自主・実践的態度	問題解決力 主体的態度

支援→指導　　知識，理念→実学的教育

市民科
人生観の構築
自らのあり方や生き方を自覚し，生きる筋道を見付ける

学校 ↔ 家庭・地域

2 品川区のカリキュラム

① 教科カリキュラムの特色

品川区小中一貫教育要領に基づいて，全教科のカリキュラムの再編成が実施された。その特色は，教科によって異なる。

例えば，社会科の歴史学習では，小学校高学年における歴史学習と中学校における歴史学習の効率性を考え，時間配分と内容を一本化したカリキュラム編成が行われた。また，理科も同様に，児童生徒の興味・関心を引き出す単元構成にし，生物領域，自然科学領域等の内容を小中で一本化する方向で再編成された。

算数・数学科は，それとは逆に，児童生徒に確かな定着を図るためには各学年で何度も同じ内容を学習させ，スパイラルなカリキュラム編成が行われた。

【国語】

次のような基本方針に基づいて，小中一貫教育学習指導指針を作成している。

《基本方針1》 9年間を，第1・2学年，第3・4学年，第5～7学年，第8・9学年のまとまりに分け，指導事項の重複を減らして重点化・再編成し，発達段階を踏まえ，情緒力から論理的思考力の育成へと指導の系統化を図る。(言語事項の再編成)

《基本方針2》 想像力・思考力の根幹をなす理解語彙・表現語彙を拡充するために，9年間の系統を考え，漢字を覚えるべき時期を早め，覚えるべき漢字を増やし，さらに指導時数を増やすなど，漢字指導を徹底する。(「漢字ステージ」の作成，活用)

《基本方針3》 豊かな情緒力・想像力をはぐくむために，授業時間内に読書活動の時間を確保し，読書活動そのものを効果的に体験する指導(週1回程度)から読書活動を動機付ける単元指導(学期1回程度)まで系統的に位置付け，児童生徒の読書習慣を形成する。

《基本方針4》思考力を高め，論理的言語技術を身に付け，社会生活に必要な相手，目的に応じた表現力を育成するために，論理的な文章を読むことや書くことの指導，相手を説得する討論の指導を重視する。

【社会】

小中一貫教育のコンセプトから考える社会科のねらいと育てたい力

◇7年間を通して，理解・能力・態度の統一的な育成をねらいとして，「①社会生活について基礎的・基本的な知識を理解する学習」，「②社会的事象をよりよく考え判断する学習」，「③望ましい態度を形成する学習(ア　学習意欲・態度を育成する学習，イ　社会的態度・行動を育成する学習)」の三つの学習を重視する。特に，選択社会に相当するステップアップ学習Ⅱ・Ⅲにおいては，②や③イの学習を重視して行う。

〔3年生・4年生〕

「①社会生活についての基礎的・基本的な知識を理解する学習」を重視して基礎・基本の定着を目指し，地域社会の学習(地域社会において主体的に生きていくことを目指す学習)を行う。併せて，「③望ましい態度を形成する学習(特にア　学習意欲・態度を育成する学習)」を重視する。

〔5年生～7年生〕

「②社会的事象を判断する」ことを重視して教科担任制による，より専門性の高い社会科指導を展開し，基礎・基本の定着と個性・能力を伸ばす。併せて，「③望ましい態度を形成する学習(アとイの両方)」を重視する。

〔8年生・9年生〕

「②社会的事象を判断する」ことを重視して教科担任制による，より専門性の高い社会科指導を展開し，高度な内容を取り上げながら個性・能力を最大限に伸ばす。併せて，「③望ましい態度を形成する学習(特にイ　社会的態度・行動を育成する学習)」を重視する。

【算数／数学】

　基礎・基本の学力をはじめ，論理的思考力，問題解決能力を身に付け，生涯にわたって新しい知識を自ら獲得していこうとする能力を，9年間を通して統一的，系統的に育成することをねらいとしている。そのため，各学年でのねらいをより明確にするために，1年から9年の領域を「数と式の意味と計算」「量と測定」「図形と数量」「数量関係」「資料の分析」の五つとした。

　特に数量関係や計算力を確実に身に付けさせるため，同じ内容をスパイラルに何度も丁寧に指導したり，指導内容を拡大したり練習量を増やしたりした。

　本校では，5年生から教科担任制を採用しており，中学校籍の教諭が5・6年生を指導している。そのため，ただスパイラルするだけでなく，日常から7年生以上を見据えて指導を行っている。また，指導内容を拡大したり，練習量を増やすために積極的に副教科書「プラスα」を取り入れたり，また，本校独自の児童問題作成システムを利用した演習に取り組んだりしている。

【理科】

　科学技術の発展に向け，自ら問題を解決し新しいものを創造する力を育てていくことを重視し，多面的・総合的な見方で自然の事象をとらえ，自然の考えをもって意思決定ができるよう3年から系統的な指導を行っている。

①従来の学習指導要領では，小学校は「生物とその環境」「物質とエネルギー」「地球と宇宙」の3区分，中学校は第1と第2の二つの分野に分かれていた理科の内容に系統性をもたせるため，3～9年を通して，「生命」「物質」「エネルギー」「地球」の4区分で構成する。

②特に育てたい資質・能力として，3・4学年では「観察・実験をする力」，5～7年では「問題解決能力」，8・9年では「応用・発展的な問題解決能力」を育成する。

③最新の科学技術や自らの進路に対する関心や意識を高めるため，8・9年に上級学校の教員や企業の研究者を活用したり，科学館や地域企業との連携を図ったりした学習を設定する。

④物質に対する科学的な見方や考え方を系統的に身に付けさせるため，領域「物質」の中に3年「もののしゅるい」，4年「金属の種類」，6年「空気の重さ」，7年「溶解・状態変化と粒子」，8・9年「原子・分子と物質概念」の新単元の学習を設定する。

⑤加熱器具の扱い方をはじめ，顕微鏡・双眼実体顕微鏡や電流計など，小学校段階から基本的な操作をしっかり身に付けさせるため，各学年で習得すべき観察・実験技能の指導を明確にして系統的・継続的に行う。

【音楽】

　品川区の音楽科は，表現や鑑賞の幅広い活動を通して音楽を愛好する心情を育てるとともに，音楽に対する感性を豊かにし，音楽活動の基礎的な能力を培い伸ばし，豊かな情操を養うことを目標としている。特に小中一貫教育の特色ある取り組みとして，次の点に力を入れている。

○日本の伝統音楽や地域の音楽に対する理解を深めさせる指導の充実

　日本の伝統音楽や地域の音楽に触れることで，自国の音楽のよさを味わいながら，日本の自然や文化がもつ美しさを感じ取る力を身に付けさせたい。また，和楽器の実技指導においては，第5学年から系統的に指導を行っている。

○読譜力（ハ長調の階名程度）を定着させる系統的な指導

　表現の技能とともに，音楽の基礎的な知識も表現活動に必要である。これも，精選した楽典事項を，品川区独自のプリントを作成し授業で使うことによって9年間で定着させる。

○9年間の系統的な指導によって，ソロ活動ができる程度の力を育てること

　ソロ活動を行うことは，自分を表現するということである。楽器であれ，歌唱であれ，一人一人の感性を素直に表現することは，音楽が本来もつごく自然なスタイルであり，そこに共感や感動が生まれる。9年間の系統的な学習活動の中で，ソロ演奏をする力を身に付けさせる。

○児童生徒の特性に応じて多様な学習活動を展開する

　ステップアップ学習Ⅱ・Ⅲの「音楽」において，課題学習，創造的な表現活動の学習，郷土の伝統芸能など地域の特性を生かした学習，表現の能力を補充的に高める学習，芸術表現を追求する発展的な学習などを各学校の実態に応じて行っている。

【図画工作／美術】

1　これまでの課題

　現在の授業の実態から，小中学校における課題として次の点があげられる。

(1)児童生徒にとって，小学校と中学校における学習の段差が大きく，スムーズな接続ができていないということがあげられている。

(2)小学校では，「造形遊び」活動にみられるような，自由な発想から自分なりの表現を発見していくことが重視されている。

(3)中学校では，共通したあるテーマに向けての独創性や技能が重視されている。

2　課題を克服するための考え方

　これらの課題を解決するために，小中一貫教育の図画工作科・美術科では，第5〜7学年の3年間を中心に，次のような視点から9年間の系統的なカリキュラムの作成を行った。

(1)第1〜6学年で行われる「造形遊び」の目指す表現の楽しさを第7〜9学年にも取り入れ，子ども一人一人の感性や表現を深めていく。

(2)「見て・感じて・かく・つくる」活動のあり方を問い直し，9年間の指導内容を明確にする。

(3)「鑑賞」活動では，子どもの見方や感じ方を深められるよう，鑑賞の対象を幅広くとらえ，鑑賞の方法に配慮するなどして9年間の指導内容を明確にする。

(4)9年間の系統的なカリキュラム作成のため，「1　表現，創造（つくりだす力）」「2　考える（想像・発想・構想する力）」「3　鑑賞（見る・感じる力）」を三つの軸とし，それぞれを複合させて指導内容を具体化していく。

(5)カリキュラム作成にあたっては，特に第5・6学年から第7学年にかけての接続を無理なく効果的に実現できるよう考慮する。第1～4学年，第8・9学年は現行の内容を生かしつつ，これからの改善点を組み込んでいく。

【家庭／技術・家庭】

子どもたちの実態から，以下のような課題があげられる。

①生活課題を発見する意欲や基礎的な技能の習得に差があること。

②情報機器の活用では，情報モラルについて十分理解されていないこと。

③学んだことを家庭生活で生かせないこと。

④ものを大切にする気持ちや有効に活用しようとする意識が不足していること。

これを受け，基礎・基本の確実な定着のために指導内容を精選し，5年間を通した指導内容とし，実践的・体験的な学習活動をさらに工夫して，よりいっそう知識や技能の定着を図る。

また，衣生活や食生活の技能のために，簡単なものから難しいものへ，要素的なものから複合的なものへ，基礎的なものから応用的なものへ学習が発達の段階を追って技能を繰り返すように，題材の配列を工夫した年間指導計画を作成する。

【体育／保健体育】

現代の子どもたちを取り巻く社会環境や生活様式の変化などが，運動の機会の減少や生活習慣の変化などを招き，子どもの体力・運動能力の低下や体を思い通りに動かす能力の低下，将来の生活習慣病につながる恐れがある子どもの割合が増加している，という課題を受け，以下の観点から教育課程編成を行い，基本的な考え方とした。

(1)生涯スポーツとして運動に親しむ基礎づくり

①運動の持つ特性に触れ，運動することの楽しさや喜びを味わわせる。

②幅広いスポーツ観を培う。

(2)体力の向上

①発達段階に応じて，体力向上を目指す。

②日常生活の中で体力向上を図る。

(3) 心と体を一体としてとらえた，心身ともに健全な発達の促進
  ① 第5学年から武道に関する指導を取り入れる。
  ② 規範意識・公正な態度の育成を重視する。
(4) 発達段階に応じた保健学習
  ① 学習内容の整理・統合を行う。

【英語】

78ページ参照

【市民科】

13ページの市民科創設の背景にあるようなさまざまな課題を解決するため，市民科では児童生徒に育てるべき七つの資質と15の能力が設定されている。

(七つの資質)

個と内面	主体性	自分の考えや立場をはっきりもつ
	積極性	他者や集団・地域社会などの対象に進んではたらきかける
個と集団	適応性	その場面や状況，環境にうまく合わせる
	公徳性	規範など社会生活の中で守るべき行為の善悪を判断する
	論理性	問題の本質をとらえ，筋道を立てながら考えを解決する
個と社会	実行性	目的に向かって，正しい方法を選択し，実行する
	創造性	自分の力で，よりよいものを作り出す

(五つの領域15の能力)

「自己管理」……………自己管理能力，生活適応能力，責任遂行能力

「人間関係形成」………集団適応能力，自他理解能力，コミュニケーション能力

「自治的活動」…………自治活動能力，道徳実践能力，社会的判断・行動能力

「文化創造」……………文化活動能力，企画・表現能力，自己修養能力

「将来設計」……………社会的役割遂行能力，社会認識能力，将来志向能力

【特別支援教育】

本区においては，小中一貫教育に基づいて，9年間を見通しながら，一人一人の実態に応じた個別の指導計画を作成することが重要と考えている。そのために，在籍校のみならず，卒業してきた小学校との連携を図り，継続して指導を行っていくことで，より効率的な支援が可能になっていく。

「品川区小中一貫教育要領」での本区独自の9年間を見通した国語（言語分野）・算数／数学（数量分野）・生活（生活自立分野）・英語（試案）の4分野における「小中一貫指導内容段階表」および他教科の目標・内容を中心に活用しながら，継続して支援・評価を照らし合わせ，きめ細かな指導を行っている。

3 品川区の教科書・副教科書・指導書

【漢字ステージ100】

　品川区の小中一貫教育要領の漢字配当が現行学習指導要領と異なるため，『漢字ステージ100』という練習帳を活用し，計画的・効率的に学習を進めていく。この練習帳には次のような特色がある。

- 1・2年用，3・4年用，5～9年用の3部構成で，小中一貫教育要領の漢字配当に準じて1322字を配当している。
- 漢字を意味のまとまりごとのカテゴリー別（色，体，学校，宇宙，歴史など）に分類して掲出されており，それぞれの漢字を関連付けて指導できる。
- およそ1週間で学ぶ学習漢字を1ステージとし，1322字が100ステージに分類されており，各ステージ終了時に習得状況が確認できる。
- 一定のまとまりごとに活動単元が設けられ，実用的な語彙力の育成が図れる。
- 練習帳を活用し，教科書を先取りして最低年間2回は配当漢字を繰り返し学習することになっている。また，教科書でも復習を行い，配当漢字の完全習得を目指している。

【プラスα】

　算数・数学のカリキュラムの項に記した通り，算数・数学では同じ内容をスパイラルさせ指導内容を拡大している。そのため，上級学年の指導内容をカリキュラムに取り込むにあたり，通常の教科書だけでは足りなくなる。それを補うために教科書のほかに「プラスα」という副教科書を使用している。

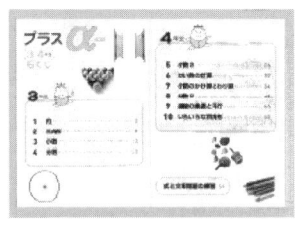

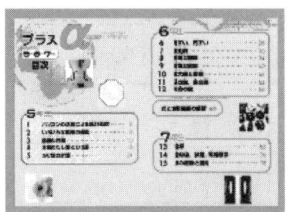

【社会】

　小中一貫教育・社会科カリキュラムにより，5年から9年までの間で設けられた新単元について，区で作成した右の表紙の副教科書を活用して学習を進めている。副教科書に取り上げられた八つの単元は，社会改善に向けて判断や意志決定のできる力を育む社会科を目指したものであり，問題解決的な学習を重視したものとなっている。

　なお，3・4年は従来から使用している副読本「わたしたちの品川」を活用している。

（5年生：私たちと歴史の発展）
1．歴史を語るものを調べると，どのようなことがわかるだろうか

（5年生：私たちと現代の社会）
2．わたしたちの生活と情報は，どのようにかかわっているのだろうか

（6年生：私たちと生活環境）
3．世界の中では日本はどのような国なのだろうか

（6年生：私たちと歴史の発展）
4．先人たちのはたらきによって，わが国はどのように発展してきたのだろうか

（6年生：私たちと現代の社会）
5．わが国の政治と日本国憲法との関係はどのようになっているのだろうか(Ⅰ)

（7年生：私たちと現代の社会）
6．わが国の政治と日本国憲法との関係はどのようになっているのだろうか(Ⅱ)

（8年生：私たちと歴史の発展）
7．これまでの歴史学習全体を自分なりにまとめるとどうなるのだろうか

（9年生：私たちと現代の社会）
8．これまでの学習を踏まえて，望ましい国・社会と自分の在り方をどのように考えるか

【理科】

　小中学校の検定教科書を主たる教材として活用するが，単元の前倒しや新単元の履修等もあり，下記の内容については区で作成した副教科書を活用して学習を進めている。

　副教科書は4色刷り64ページからなる小冊子で，以下の八つの単元がある。

> 「植物の分類」「動物の分類」「生物の進化」「遺伝とその法則」「状態変化・溶解と粒子」「原子・分子と物質」「エネルギー」「地球の姿・宇宙の姿」

　なお，3年から6年までの新単元については，副教科書を用いずに，教師用の指導の手引きを通して授業を進める。

【市民科】

　小中一貫教育の9年間で，市民として必要な資質を育て，能力を確実に身に付けさせるために，5領域15能力（18ページ参照）にわたる指導内容を9年間の三つのまとまり（4－

3-2)に合わせて内容を厳選し，重点的な内容を教科書に掲載している。

　教科書のページは，単元のねらいのほか，ステップ1～5の学習段階が表示され，児童生徒自身が何を学習していて，今どの段階にあるのかがわかるように構成されている。（1・2年用は一部，表記が異なる）

　教師が指導するにあたっては，「指導の手引き」があり，指導時数の目安や教材例などが掲載されている。また，系統性がすぐにわかるよう，指導の手引きは1～9学年分が1冊にまとめられている。

ステップ1　課題発見・課題把握
ステップ2：正しい知識・認識・価値・道徳的心情
ステップ3　スキルトレーニング・体験学習
ステップ4　日常実践・活用
ステップ5　まとめ・評価

3・4年市民科教科書より

【英語科指導書】
●小中一貫英語教育カリキュラムでの取り組み●

　小学校における「英語でのコミュニケーション活動」を目的とした授業のための指導書および教材として，品川区小中一貫教育学習指針英語科における到達目標を示す評価規準に基づいて作成されている。1年生から4年生は英語コミュニケーション活動に「親しむ」ことを目標に，5年生・6年生は英語コミュニケーション活動を「身に付ける」ことを目標にした活動内容で，小学校における英語活動の到達目標を明快に提示している。

　また，小学校英語活動にふさわしいテーマや英語表現を12のトピック（Topic）に分類して，1年生から6年生までの指導内容を系統的に編成し，学年間のつながりを重視したカリキュラムを作成した。指導書とコピーフリーのワークシートをセットにした仕様で，小学校の現場で起こりうる多様なニーズに応えられる教材活用をねらいとしている。

● 指導書の特徴 ●

- 1・2年生（BOOK 1），3・4年生（BOOK 2），5・6年生（BOOK 3）の分冊にして，各書には使用している英語の歌と授業の中心となるネイティブによる会話を収録したCDが付いている。
- 1年生から6年生まで全72の事例をトピックごとに系統的に編成し，指導内容と授業で使用するワークシートで構成している。
- 到達目標を示す評価規準によって，明快な目標をもって英語活動を実践することができる。
- 12のトピックが，品川区学習指導指針に示されている1年生から6年生までの評価規準に基づいて系統的に組み立てられているので，児童の実態や設定する目標に合わせて自由に指導内容を選んで年間計画を作成することができる。 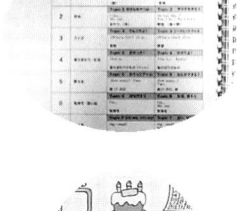
- ワークシートはトピックの内容によって書き込みシートとして，クラフト素材として，また切り分けてカードとして使用するなど使用方法が多様で，児童が色塗りなどを楽しみながら英語活動への参加意識を高めることがねらいである。 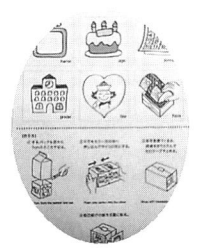
- 授業の流れは，英文の対訳が掲載されているので，ＡＬＴ（Assistant Language Teacher：外国語指導助手）にも授業内容を容易に理解することができ，打ち合わせにも便利である。
- ワークシートはコピーフリーで，児童生徒の英語活動を目的として複写して使用することができる。

＊引用，参考図書：品川区小中一貫教育英語科「Let's Enjoy English Communication」（TEACHER'S RESOURCE BOOK から）

第2章
小中一貫校日野学園の実践

第1節 日野学園はどんな研究をしているのか

　日野学園は，平成18年度に施設一体型小中一貫校として開校した。新設教科を含めた各教科の小中一貫カリキュラムの作成や小中一貫教育の教育課程全体のデザインは品川区教育委員会が行った。それを受け，実践し具体化することが日野学園の使命である。日野学園では，9年間の小中一貫校として学校運営について系統的で実際的な取り組みの研究を行っている。

　小中一貫教育の目的は，小学校から中学校へ変わる時に起こる学校生活に対する不安，指導方法の違いによる学習への戸惑いなどの，小中学校間におけるさまざまな問題を小中教員の理解に基づく連続的な指導を通して解消することにある。そのため，本校の研究の対象は，小学生と中学生が同じ施設内で過ごす教育活動すべてとなっている。そこで，9年間を系統的にとらえる立場から，研究テーマを「**小中学校9年間の一貫した教育課程の研究開発**」とした。

　テーマを通して目指すことは，豊かな人間性と社会性を育成すること，児童生徒一人一人の資質を高める能力の伸長を図ることである。研究の大きな内容の区分は以下の通りである。

> 【研究の内容】　○義務教育9年間の一貫した教育課程編成のあり方
> 　　　　　　　○児童生徒の個性や能力に応じた教育システムの開発

1　研究の体制はどのように変わってきたのか

　日野学園の研究は平成14年度から第二日野小学校と日野中学校の2校の合同研究からスタートした。初めは小中一貫校のモデル校としての研究であった。平成15年，品川区が教育特区の指定を受け，小中一貫教育を全区展開することになった。そのため，品川区全体で小中一貫教育を研究することとなった。そこで，新設教科を含む各教科カリキュラムの作成を，品川区が各教科の委員会（すべての委員会に本学園の教員が参加）を設けて行い，新たな9年間の学校の実践の研究を本園が行うこととなった。一体校舎が完成するまでの平成17年度までは，第二日野小学校と日野中学校とに分かれていたため，2校間での研究を連携の形で合同して行ってきた。平成18年度の開校からは，一つの学校としての研究体制を組み，現在に至っている。平成18・19年度の研究体制については次の通りである。

≪平成18・19年度の研究体制≫

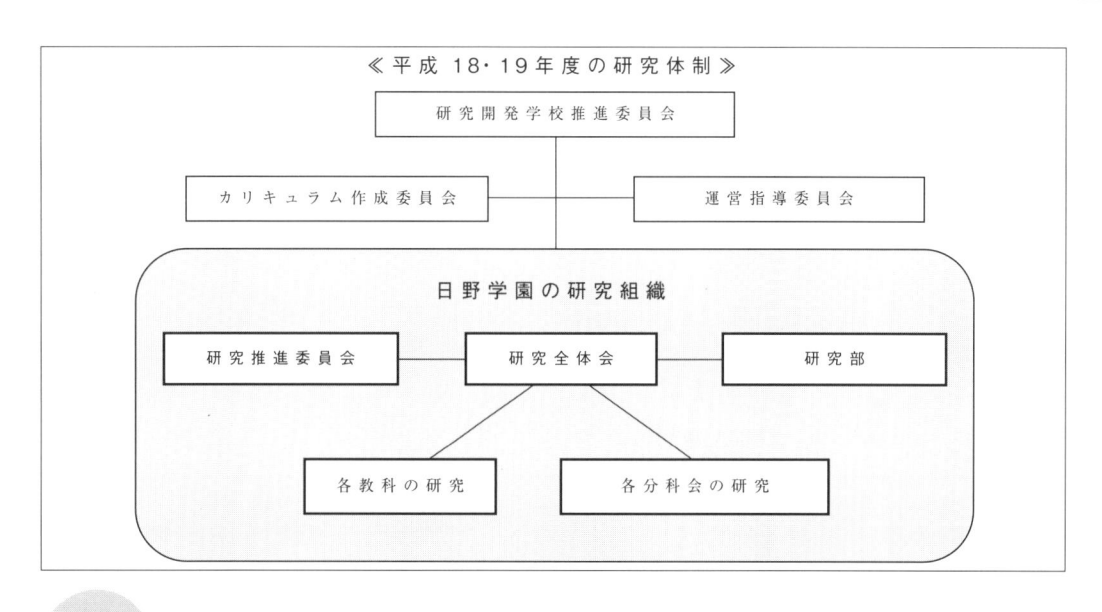

```
                    研究開発学校推進委員会
                              │
        ┌─────────────────────┼─────────────────────┐
   カリキュラム作成委員会                          運営指導委員会
        └─────────────────────┼─────────────────────┘
                      日野学園の研究組織
        ┌─────────────────────┼─────────────────────┐
    研究推進委員会          研究全体会              研究部
                    ┌─────────┴─────────┐
                各教科の研究        各分科会の研究
```

2● 研究開発の活動はどのようなものか

　日野学園では，品川区が進める小中一貫教育カリキュラムに基づいた各教科の実践研究と，本校独自の教育課程の研究を行っている。本校独自の研究は，小中一貫校の中での教育活動が，どのような効果を生み出すかを四つの研究開発グループに分かれて検証している。各分科会での研究の具体的な取り組みは次の通りである。

【研究分科会（研究開発グループ）】

学校システム構築	ステップアップ学習	市民性定着・向上	電子カルテ開発・実用
○小中一貫校としての教育課程，指導体制，組織運営等のあり方を，実践を通して教育システムとして検証する。	○ステップアップ学習の実践の中で系統的な学習が行えるように，内容の配列や単元の指導計画を工夫し，児童生徒の変容を検証している。	○9年間を通した年間指導計画を立て，教材の開発を行っている。 ○授業の実践を行い市民科カリキュラムの検証，見直しを行う。 ○市民性の定着について調査を行い，実践の有効性を測る。	○校内ネットワークの確立，実用化を図る。 ○個人カルテの電子化（形式等について）と実用化を図る。 ○評価方法や内容の電子化を行う。

3● 中間報告会でどのようなことをしているのか

　日野学園は毎年，夏に中間報告会を行っている。第二日野小学校，日野中学校時代も行ってきた。これは，研究内容を年度の早い段階で実践し，課題を整理し，今後の取り組みに生かすことをねらいとしている。

中間報告会では，一貫校の研究の柱となる四つの研究開発グループや英語科についての進捗状況や，これまでの成果と新たな課題について報告する。

2学期は行事，3学期は進学と学校全体がゆとりをもって研究活動ができる時期がない。そこで，1学期と夏休みに中間報告会を行うことで教員が精力的に研究を進めることにもつながっている。

4 授業実践を通してどのような研修をしているのか

① ワークショップ型協議会

日野学園では，18年度は年間一人2回研究授業を行った。内容は，各教科や市民科，ステップアップ学習など多岐にわたる。本校は教員数が多く，一人一人が授業実践を行っていくと，その都度，研修や研究協議会を行うことは時間的に無理がある（昨年度は，授業実践数100回を超える）。そのため，研修会・協議会の形式を「ワークショップ型」にした。そのことによって，限られた時間の中ですべての教員の参加が可能となり，活発な意見交換を行うことができた。また，小中共通の指導方法，教材感，児童生徒への対応などの授業の改善につなげることができた。

（付箋の内容）…各自記入

> 授業を見て，よいところ，課題となるところ，教材の活用方法，教師の児童生徒への対応等，参観者が気付いたことを書く。

↓

（ワークショップ用紙）…付箋を張り，まとめる

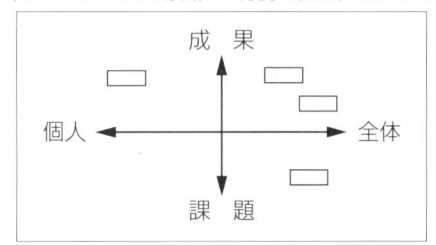

```
        成 果
   □         □
          □
個人 ←――――――→ 全体
          □
   □         □
        課 題
```

ワークショップ型の協議会は，次のように行う。

1) 研究授業を教員が参観する。その時に小さな付箋を持ち，授業の内容について意見を記入する。また，指導の技術，児童生徒の反応等を書き留める。
2) 授業後，ワークショップを行う。
   ○授業を参観した教員の意見や感想を書いた付箋を，上記のワークショップ用紙に貼る。
   ○それをもとに，授業の分析を行い，成果と課題をまとめ，今後の授業に生かす。

② 電子カルテ活用のための研修

日野学園のような施設一体型小中一貫校では，小中連続した指導者である教員がいるので，高学年の指導において既習内容の不備が見つかった時，6年や5年，4年などに遡ってつまずきの原因を見極めて指導にあたることが容易にできる。そのために，すべての児童生徒の学習履歴を電子化し，記録することにした。これを「電子カルテ」と呼んでい

る。(P61参照)この電子カルテの活用は、児童生徒の指導に関わるすべての教員が積極的に取り組むことによってデータが蓄積され、次の指導に生かされることになる。

そこで、「指導」→「データ化」→「入力」→「活用」の一連の流れを取得するために模擬授業研修を行った。

● **模擬授業研修の流れ** ● (P63参照)

電子カルテ活用のケースの一つにステップアップ学習Ⅰの習熟度のデータ化がある。そこでの活用の模擬授業を行った。

- 教師役　2名（T1，T2）
- 児童役　対象5年（9名の児童役の教員）
- 教科　算数

①問題児童作成ソフトでプリント出力
②児童役が問題を解き、できたら自己採点をする
③T1に採点結果を持っていき、指導を受け、次のプリントの指示を受ける
④T2は個別指導にあたる
⑤授業後、カルテにデータを入力する
⑥授業後、カルテから各自のつまずき傾向と課題を分析

この一連の模擬授業を参観することで、実際に授業の中でどのようにデータをとって電子カルテに入力していけばよいかがわかった。

このように、一つの模擬授業を通して全員が同じ経験をすることは、大変意味のある研修となった。

第2節　教育課程の編成

1　日野学園開校前の試行

① 進まない実践──徒歩20分の距離

平成14年度から第二日野小学校と日野中学校の2校だけの取り組みで始めた小中一貫教育の研究である。研究指定を引き受けた当初は、研究開発や実践は足踏み状態であった。

進まない一因は、2校間の徒歩20分の距離にあった。児童生徒を往復させると、それだけで授業時間で2時間分はかかる。「時間がもったいない」というつぶやきが教員間でさ

さやかれた。今では，当時の状況を知る教員は少なくなってしまったが，平成14年度は，今日のように研究があまり進まなかった。

② 生まれ変わった研修体制——合同研修会・研究推進委員会の充実

　平成15年度からは初年度の停滞を打ち破るかのように，研究は計画的・組織的に進んだ。研究態勢の改革を行ったのだ。まず，それまで学期に1回だった合同研究会を月に1回設定した。さらに，夏季休業中は，4日間にわたり合同研究会を行った。これらは，単に時間の設定をしただけではない。8月の中間報告会，年度末の報告書作成を節目にして，必要な活動を月ごとに計画した。また，2校の校長・副校長・主幹による研究推進委員会を中心に，継続して進行を点検し，次回への方針，それまでに行う内容を決めた。

　さらに，それぞれの学校で行う研究（単独研究）と2校合同で行う研究に分けて一貫校の研究（合同研究）を進めてきたことも成果につながった。研究全体を，2校で分担する部分と，合同研究で行う部分に明確に分けたのである。

　2年次から，研究は速やかに展開した。平成15年度末には，その後の研究開発の骨格となる研究報告書を完成させることができた。

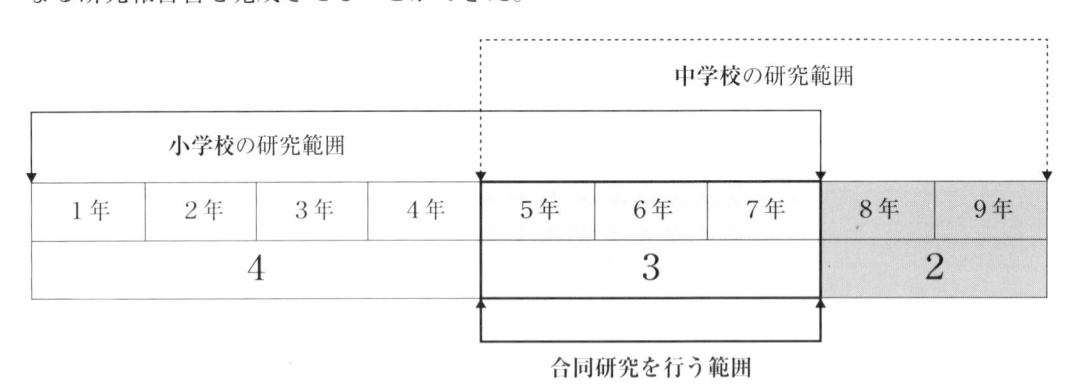

三つのまとまりに基づく研究分担

（合同研究の内容）教科担任による指導，教科を選択した学習の導入
　　　　　　　　習熟度別・少人数学習，異学年集団の編成

　上図の「3　合同研究を行う範囲」の部分での研究内容は，「小中学校が一体となったときの行事」「生活指導上のきまり」「各教科で品川区が進める新しいカリキュラムに基づいた授業の実施と検証」「新しい教科（市民科，ステップアップ学習）の内容・進め方」等の研究を行った。また，小中学校の接続となる5～7年の部分の教科指導，授業方法についての研究を，研究授業を中心にして行った。

　16年度末に行った3年次の研究報告会では，1000人を越える参加者を全国から集め，教員にとって大きな自信と励みになった。

③ 成果を生み出す工夫——さまざまな組織

　先述のように，小中一貫教育の研究開発は，本校にとって全教育課程にかかわる研究である。学校のあらゆる組織を使って研究成果を生み出す工夫が必要である。

　まず，各教科部会がそれにあたる。市民科を含めた教科部会は，区全体で運営しているカリキュラム委員会と連携している。

　次に，研究のための分科会も6年間でいくつもできた。6年間継続しているのは，「ステップアップ学習」「市民科」の二つ。「評価システムⅠ・Ⅱ」「学校文化」「英語活動」「5～7年一貫」「学校文化検討委員会」「一貫態勢構築」「学習カルテ」等を年度によって組織した。そのそれぞれが，成果と次年度の課題を生み出した。

　その結果，平成16年度末には，教育課程を2校合同で編成・提出できるまで，研究・実践内容を進ませることができた。

　さらに組織は広がり，平成18年度からは，日野学園と第一日野小，第三日野小，御殿山小との地域の小学校4校との連携の組織ができ，今後，新たな研究・実践の成果が期待できる。

2　小中一貫校日野学園の誕生

① 開校式

　平成18年4月6日，1年生から9年生まで約550人が揃い，開校式を行った。高橋久二品川区長（当時）をはじめ，小坂憲次文部科学大臣（当時）も来賓として出席した。

　2年生の代表児童は「冬でも温水プールで泳げるのがうれしい」，9年生の代表生徒は「立派な校舎に恥じないよう，1年から9年まで力を合わせて伝統をつくっていきたい」とあいさつをした。

② 教育目標・校訓

教育目標

自ら考え自ら学ぶ
思いやりの心で助け合う
健康で明るくやりぬく

校訓

つかれたという言葉は
その人をつかれさせ
もうだめだという気持ちは
その人をだめにする
瞬間だけに生き
その余韻に満足することは
停滞のはじまりである
くずれたあたたかみで
心をうめつくすな
常にひとすじの意志をもとう
すきとおった心をもとう

③ 学園歌の制定

　日野学園での生活が始まり，いろいろな行事を経験するうちに，小学生と中学生が心を一つにして一緒に歌える歌（学園歌）が必要となった。そこで，作詞を品川区の教育長である若月秀夫さんに，作曲を音楽家の森ミドリさんに依頼して，念願の日野学園歌が誕生したのである。

　平成18年9月20日の午後，若月秀夫さんと森ミドリさんを本学園にお迎えして，日野学園歌のお披露目を行った。若月さんが「この学園歌の詞のようにはいかないかもしれないが，人生の中で，悩んだり苦しんだりした時に，この学園歌を思い出してほしい」と話されたあと，森さんが模範の歌を披露してくださった。

　自分の学校の歌の作詞者と作曲者の両先生の顔を見ながら指導を受けることは，子どもたちにとっていつまでも心に残る貴重な経験になったであろう。まさに，この場面から学園歌の長い歴史の幕開けとなったのである。

④ 愛唱歌の制定

　学園歌ともう一つ，森ミドリさんから本学園に愛唱歌の"Smile for you"という素敵な曲をいただいた。落ち込んだときや疲れたとき，くじけそうになったときにこの歌を歌うと，希望が湧いてきて思わず笑顔になれる曲である。子どもも大人もだれもが歌えるように構成されている。

学園歌，愛唱歌お披露目会の様子

⑤ 学園シンボルの制定

　学校は学びの館である。よって古代ローマの知恵と学問の神であるミネルバの由来になぞらえ，知恵者を導く幸せの鳥である「ふくろう」を日野学園のシンボルとする。

　学園に集える人々がシンボルのふくろうを見る時々に小中一貫教育の先頭に立つ建学の精神を思い起こし，児童生徒の学びや心の育成への情熱と，すべての人の健康かつ幸せを願い起こす契機とする。

3 日野学園の評価・通知表

① 小中一貫した通知表

　日野学園の通知表は，9年間を通してほぼ同じ形式に統一してある。

　二つの部分から成り立っている。表紙と中身で，それぞれ別になっているのである。

　表紙は，A3判二ツ折り。外注でケント紙に印刷されている。「通信欄」として，「学校から」の所見記入欄と「家庭から」の連絡欄がある。これは，どの学校にもあるものと同じである。しかし，「出欠の記録」や「教科の学習の記録」は見当たらない。それらは表紙にはさみ込むA4判の中身にある。中身は再生紙で，校内のプリンタで児童生徒の情報として記録を印刷できるようにしている。

表紙の部分は，学校と家庭との間で交換する。担任からすれば，通信欄を通して，数字には表れない子どものようすを保護者に知らせたり，反対に保護者からの感想や要望を聞くことができる。通知表を保護者が確かに見た，ということもわかる。

一方，中身の部分は渡しきりである。学期が始まっても家庭にあるので，成績を振り返ることができる。もし，なくなってしまっても，パソコン上のデータが残っているので，簡単に再発行することができる。

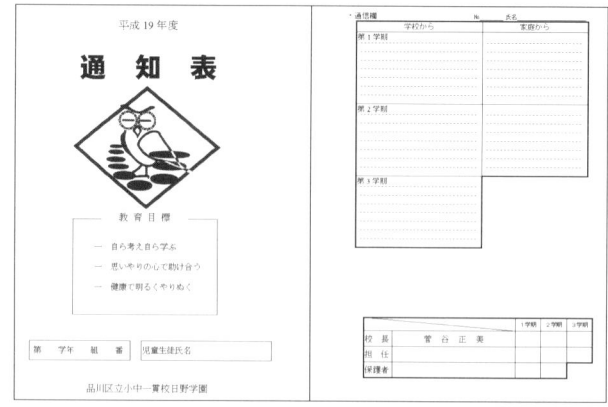

表紙の部分

日野学園の通知表

【表紙】
- Ａ３判二ツ折，ケント紙
- 表紙，評定の説明，通信欄，修了証
- 学校と家庭の間で交換方式
- 印刷は外注
- 通信欄は自筆で記入（シール印刷も可）

【中身】
- Ａ４判，再生紙
- プリンタで両面印刷，印刷は自校で
- 出欠の記録、諸活動の記録，市民科の記録，各教科の記録，教科所見欄
- 学校から家庭に渡しきり（家庭で保存できる）

---

② ゴム印を使わない通知表

このような形式になったのは，平成15年度からである。一貫校になる直前の日野中学校の時代である。

提案は，教務部を中心になされた。それまでのゴム印をついて作る通知表を，それらの作業をパソコンで置き換えて行うものだった。最初の提案で，説明を受けた職員からは質問が相次いだ。

「パソコンの操作が苦手な人で，データ入力ができるのか」「読み手に機械的な印象を与えてしまうのではないか」「例えば，突然機械が壊れてデータが消失してしまったり，裏と表に異なる子どものデータを印刷してしまったり，というようなパソコンならではのミスが発生してしまうのではないか」などであった。

しかし，それらより，次のような意見が強かった。中

中身の部分－学習の記録

学校の教員は定期考査のまとめなどで，パソコンで成績を処理することにすでになじんでいるという背景がある。

「コンピュータ上で一覧表に記入できるので能率的。また，記入ミスもなくなる。一人一人のゴム印押しや原簿と通知表の読み合わせ等をすることもなく，成績通知にかかわる時間が短くなる」「バックアップをきちんととれば記録の保存性はむしろ紙ベースより高まる。また，過去に遡ってのデータを参照できる」

デジタル化はそれほど抵抗なく決まった。それでも，いくつかの会議を経て，表紙にはさみ込む形式にしたり，通信欄を設定したりするような小さな変更が加えられることになった。しかし，この年度を境に，「5・4・3・2・1」や「A・B・C」をゴム印で押すことは一切なくなった。

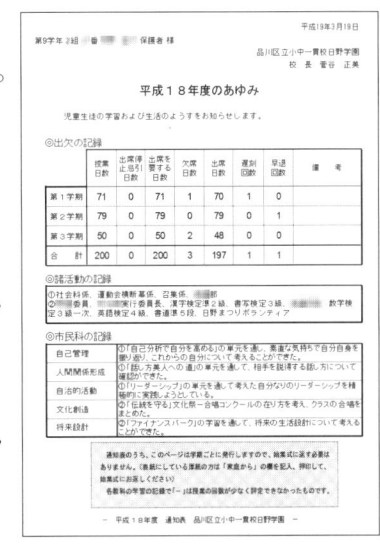

③ 段階的に通知表を変える

平成18年度から，施設一体型の小中一貫校日野学園がスタートした。「小中を一貫した滑らかな接続」の通知表にしたい，1年から9年まで同じ形式の通知表をパソコンで作ろう，という基本的な合意はすでにできた。

そのうえで考えられる問題点は2点あった。

一つは，評定を3段階にするか，5段階にするかである。従来は，1～6年は3段階，7～9年は5段階が定着している。同じにしたほうがいいではないか，という問題が指摘された。もう一つは，観点の問題である。教科ごとに，四つから五つの観点を決めている。7～9年の観点は，指導要録通りの表現で，そのままである。子どもには難しいかもしれないが，説明をすれば意味がわかる。しかし，1～6年生では，指導要録通りの表現では難しい。例えば，算数で「表現・処理・知識・理解」としても，特に低学年の子どもには意味をわかってもらいにくいのは明らかである。また，保護者にも伝わりにくいのではないか，という問題が指摘された。

いずれの課題も，4-3-2の学年のまとまりを生かし，1～4年と5～9年とでは表現や形式の一部を変えることで解決している。

まず，評定の段階については，1～4年は3段階，5～9年は5段階で評定を付けることにした。目標の達成度の数値も，学年のまとまりごとに変更した。

また，観点については，1～4年では，さらに観点を細分化することにした。例えば，算数1年3学期の「表現・処理・知識・理解」では，これをさらに「三角形や四角形などの形がわかり，仲間分けができる」「100までの数を読んだり，書いたりすることができ」「たし算やひき算の場面を式にすることができる」の具体的な3観点に分けて示している。

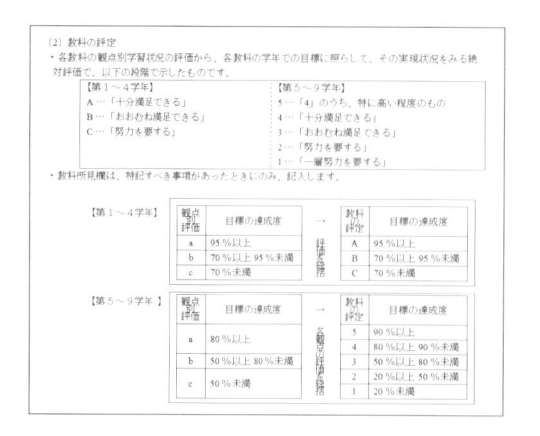

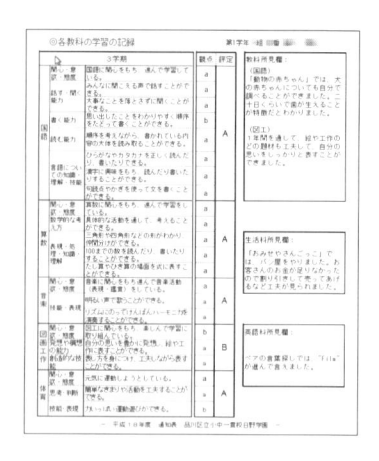

第3節 一貫体制の構築

　小中学校9年間で一貫した教育を行うことが，小中一貫校の大きなねらいである。発達段階に応じた学習指導・生活指導とともに，習熟度別や個に応じた学習指導・異年齢集団による生活・学習交流など，多様な生活・学習集団を組むことが一貫校では可能である。これにより，基礎・基本の確実な定着や豊かな人間性・社会性の育成が図られ，各教科をはじめ，領域・芸術活動・スポーツなどにおける個性・能力の伸長を図ることができる。

　また，小中学校の教員が相互に交流することにより，教員の個性や適性に応じた指導組織が編成でき，より専門性の高い指導や，習熟度や個に応じた指導をはじめ，興味・関心に応じたテーマ学習や問題追究型の学習，より系統的な生活指導が可能になるという研究仮説に基づいている。

1 日野学園開設前の取り組み

① 準備と検討課題

　日野学園開設前，平成14年度は，第二日野小学校と日野中学校の接続を図る内容について研究を行った。特に，1～9年までの「学習のしつけ」や合同でできる取り組み（地域清掃活動，街頭募金等）など，学習の基本的な態度や行事を中心に検討した。

　平成15年度は，小学校と中学校の文化の違いを理解したうえで，学校行事に焦点をしぼって研究を進めた。

　平成16年度は，一貫した教育活動の効果について実証するため，児童生徒が同じ環境で

生活し、学習する取り組みを計画的に行った。特に、5～7年での指導に、個に応じ、かつ教科の専門性を生かした指導を取り入れることが望ましいと考えた。このため、「日野中教室」として中学校教員の小学校体験授業、小学生の中学校体験授業を行った。また、運動会・文化祭など中学校の行事への小学生の参加も実施した。

平成17年度は、小中一貫校の開設に向けて、5～7年で合同教室による異年齢集団の編成を、移動教室や合同清掃などさまざまな場面で試みた。また、日野中教室を発展させた交換授業により、小・中学校教員による効果的な指導体制や指導方法の検討を、複数の教科を通じて実践した。さらに、合同行事として、運動会・文化祭など前年度から引き続き行っている学校行事とともに、次年度の小中一貫校開設に向けて、生活指導や学校文化について、具体的な基本構想を示した。

一貫校開設準備を円滑に行うため、前年度までの実践の中から課題として、以下の4点があげられた。

小中合同聖賢祭（平成14～17年度）

1) 合同教室の発展

第二日野小学校と日野中学校は地理的に近距離になかったことから、年間計画を立て、日野中教室による交流を図った。5～7年の合同授業やエンカウンターの手法を取り入れた交流を深めることで、円滑な接続についての取り組みが進展できることが考えられた。

2) 小・中学校教員による効果的な指導体制、指導方法の検討

小・中学校教員による、より効果的な指導体制や指導方法を検討するため、中学校の教員が定期的に小学校で授業を行った。「日野中教室」では、中学校教員の実験や実技教科の授業を行ったり、小学校教員が中学生に実技の授業を行ったりした。教科担任制を軸にした授業による教員同士の交流をさらに深めることによって、小中一貫校開校に向けた準備もさらに円滑に行うことができたと思われる。

3) 合同行事、生活指導、学校文化についての検討

運動会や文化祭などは、事前に小中それぞれの実行委員が集まり、合同行事に向けた取り組みを話し合った。平成18年度開校を見据えた具体的な小中一貫態勢に向けての学校行事や生活指導の基本構想が不可欠であった。

合同運動会

4) 転入生に対する扱いの具体化

平成18年度に多くの2～8年生の転入生が見込まれた。また、第二日野小学校以外からの日野中学校への新入生のために、どのような学習支援を行うべきかの具体的な取り組みの必要性が考えられた。

第2章 小中一貫校日野学園の実践

平成15～16年度の小中間の教師の意識の変化

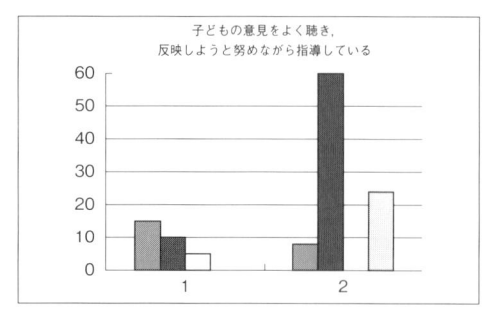

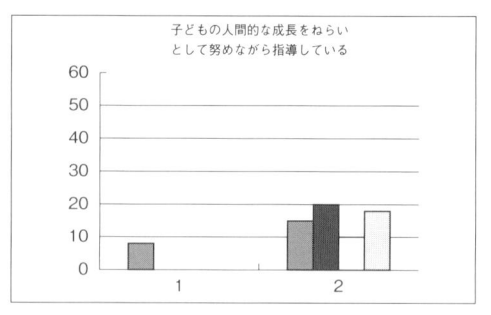

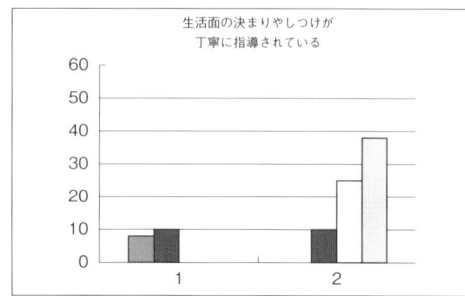

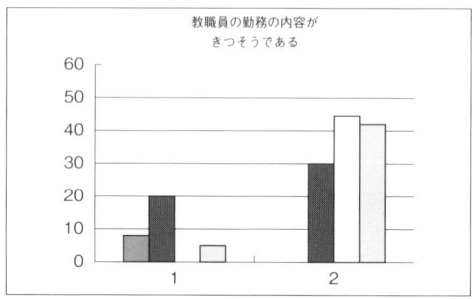

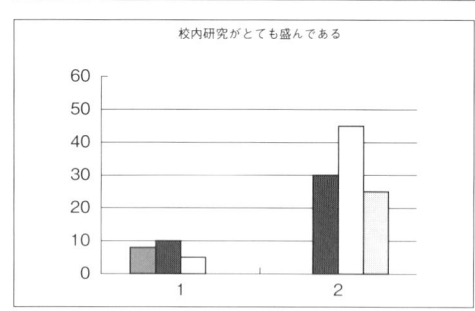

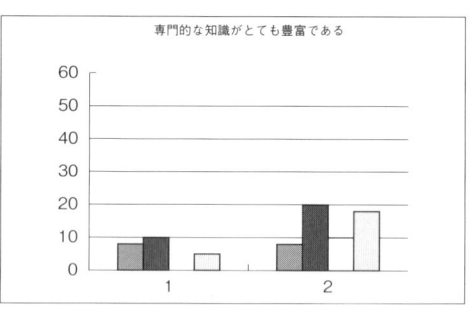

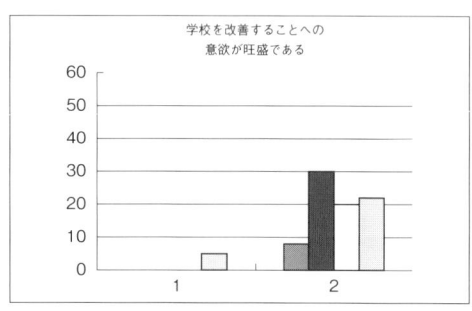

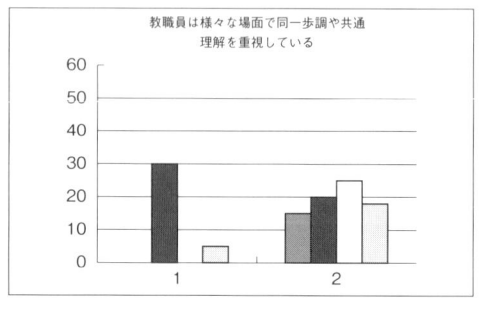

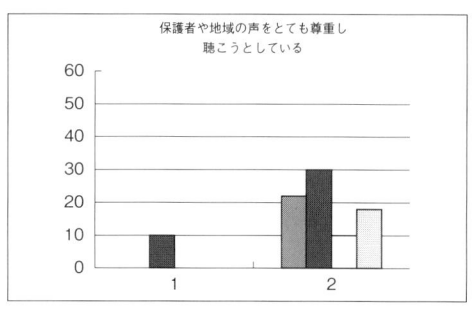

〈凡例〉
- 15年度小学校教員の回答
- 16年度小学校教員の回答
- 15年度中学校教員の回答
- 16年度中学校教員の回答

1 … 「前は思っていたが，後は思わなくなった」
2 … 「前は思わなかったが後は思うようになった」

この時期の小中教員の意識調査の結果，小学校側の中学校に対する先入観等が感じられないこと，また，中学校側の小学校側に対しての意識の変化が顕著に表れていることがグラフから読み取れる。

小中一貫教育の実現を目指す本研究において，小学校のもつ文化と中学校のもつ文化の融合はこれからも重要な課題である。研究を通じた交流によって，教職員のこうした意識に変化が表れたことは，研究をこれからさらに推進していくうえで大きな成果の一つと考えられた。

2 一貫体制

① 諸行事の取り組み

開校以前から小中学校の学校文化を融合して，従来からある小学校や中学校とは異なる新しい一つの学校とすることを目的として準備を進めてきていた。平成18年4月の開校式から入学式，開校記念式典，運動会，文化祭，卒業式などの1年間にわたる諸行事を全校体制で取り組んだ。

1)入学式

> 【基本的な考え方】
> ○全児童生徒が参加する。
> ○新入生である1年と7年の合同の入学式にする。
> ○新入生は9年生がサポートする。
> ○新入生の実態を考え，式の時間がなるべく長くならないようにする。

式開始20分前，9年生のお兄さん，お姉さんに手を引かれた1年生が並び始める。中学校の後輩に接するのとは勝手が違うため，優しく手を取り，体育館前へ移動する。そのころ，7年生も体育館へ向かう。会場の体育館では，2年生から8年生が一斉に着席し始めるが，会場内にいる学年も全校での参加は初めてであり，興奮気味であった。

式は，内容も小中学校が従来行ってきた方法を融合した一貫校独自のものとした。例えば，小学校の担任から1年生への声かけ，小中学生の呼名等である。時間的にも1時間を若干伸びた程度で，児童生徒も大きな混乱がなく式を終えることができた。

〈成果〉・全学年が参加ということで入学生，在校生の式に臨む意識が高まった。
・小学生（低学年）も参加ということで，中学生の態度も自然に手本となるよう行動していた。

〈課題〉・人数が多いため，全体の移動や行動に時間がかかった。

- 教員の指導は，小学生の低学年もいるため，優しくわかりやすい言葉で行うことが必要であった。

2）運動会

> 【基本的な考え方】
> ○全児童生徒が参加する。
> ○1年から9年を3色縦割りとする。
> ○全校児童生徒が参加する種目として全校種目と応援合戦を行う。
> ○5年以上から応援団を募り，リーダーとして各色をまとめる。
> 　特に9年応援団は，全体のリーダーとして運動会の中心を成す役割を果たす。

「小中一貫校の運動会」を行うにあたって最も困難な課題としてあげられるのが"時間"と"場所"であったが，一貫校初年度と2年目となる今年度は「小中一貫校の運動会」という理由から9学年が一堂に会する形式を選択した。

そのために，"時間"の制約をクリアするためには種目の精選を行ったが，"場所"の制約をクリアすることが困難であり，第1回の運動会では，観覧の困難さが保護者アンケートでダントツのトップとなった。

そこで第2回では，1～4年種目の時にはトラックのコーナー内側部分に保護者の入場を可能とし，間近で観覧・撮影ができるようにしたところ，好評を得ることができ，"場所"の問題もクリアすることができた。

しかし，児童生徒数が200人余り増えた第2回では再び"時間"の問題が立ちはだかることとなった。今後も児童生徒数が増大することが予想されることから，今後はこれまでの2年間の実績を踏まえ，さらに新しい形での「小中一貫校の運動会」を考えていかなければならない。

そして，この2年間の実績の中で燦然と輝くのが9学年合同による全校種目「大玉送り」と応援合戦の迫力と盛り上がりである。ただ人数が多いだけではない。九つの学年がそれぞれの特徴や力を発揮し，同じ目標と気持ちをもって取り組む様は他に類を見ない感動がある。これこそ「小中一貫校の運動会」の醍醐味であり，今後どのような形に運動会が発展していこうと，決して変えることも色あせることもないものである。

3）文化祭

> 【基本的な考え方】
> ○1日で行い，展示発表と舞台発表とに分ける。
> ○午前は，全児童生徒が参加する。
> ○午前は，各学年（1～6年）の発表やクラブ部活の発表を中心にする。
> ○午後は，5年以上の合唱コンクールを中心とする。

1～9年の児童生徒が全員参加する形式で行う文化祭は，従来取り組んできた小学校の学習成果発表会と中学校の合唱コンクールを中心にした文化祭のよさを取り入れた形を模索している。その内容は，大きく展示発表と舞台発表に分かれる。

　展示発表の目玉は，1～9年全員の図工・美術の作品展示である。子どもの発達段階が一目でわかり，「小さな美術館のようだった」と参観者からも好評であった。舞台発表では，午前中に小学校の学年発表および中学校の各教科（ステップアップ学習）や部活動を中心とした発表，午後は5～9年の合唱コンクールを開催した。初年度である平成18年度は課題も残ったが，小中一貫校日野学園でしかできない文化祭をつくっていきたいと，児童生徒の文化祭実行委員を中心として，盛り上がりのある文化祭を行うことができた。

ア　展示発表

　低学年の児童には，「自分もこんな作品が作れるようになりたい」という憧れを抱いて鑑賞している姿が見られた。高学年の児童生徒も，下の学年の作品を懐かしく，また新鮮な気持ちで鑑賞している姿がうかがわれた。

イ　舞台発表

　午前の部は1年生の呼びかけ，2年生の音楽劇，3年生の群読，4年生の南中ソーランなど，小学校の学年発表はバラエティーに富んだ内容であった。その中で演劇部の発表（中学生）には社会へ向けてのメッセージが含まれ，感動的であった。さらに，3・4年と7・8年，吹奏楽部合同の発表もあり，一貫校として，新しい顔を見せたプログラムであった。

　午後は中学校恒例の合唱コンクールである。優勝を目指して練習を重ねてきた9年生の歌声は，本学園体育館に力強く響き渡った。バスケットコート3面分の体育館は，音響設備的には必ずしも適した環境ではないが，広さは十分である。来年度以降に夢を託したといえよう。

〈文化祭保護者アンケート〉

　文化祭終了後にとった保護者のアンケートでは，次のような特徴がみられた。

①低学年の保護者の関心が高い。

　アンケート回収数が小学校80に対して，中学校29であった。その中でも1年42，7年14と新入生の保護者が多く回答しているのは，初めての行事に期待が高いためと思われる。

②自分の子どもの学年中心に感想が書かれている。

　1～9年全体を見通しての感想はむしろ少数であり，小中一貫校としての文化祭を楽しむよりも，自分の子どもの活躍を見たいと思う保護者の気持ちが強い。極端な例ではあるが，「中学生の座席よりも保護者の座席を前にしてほしい」という意見も1名だけだったが見られた。

　全体を見通した感想内容を以下に紹介する。

「児童みんなが一生懸命にがんばっている姿を見てうれしくなりました。長い時間席に

座っていられること，びっくりしました。特に7～9年生は出番が午後にもかかわらず，1～6年生の発表をきちんと見ていられる姿に感動しました。吹奏楽部のときの盛り上がりにはびっくりしましたが，演奏が終わったあと，すぐ着席できる姿にはもっとびっくりしました。」 (1年保護者)

「6Fのフロアで全学年の作品を見ることができてとても参考になりました。1年生の作品を見ると懐かしく，学年が進めば進むほど『自分表現』の表し方の違いを感じました。部活動の作品も充実していたと思います。」 (4年保護者)

「おもしろかった。低学年の子どもたちはかわいかった。学年が上がるにつれ，内容がしっかりしてきて，子どもたちが成長していく様子を相対的に見ることができたように思います。」 (8年保護者)

「午前中の初めから参加させてもらいました。どの学年も一生懸命練習した成果が表れた素敵な発表だったと思います。1～9年生の発表で，9年生などは少々退屈なのではないかなと思っていたのですが，一緒に文化祭を盛り上げようという気持ちが伝わってきました。思えば，日野中に入学したときから一貫校を意識してきた9年生なので，最高学年としてもがんばれたのではないかと感心して見せていただきました。」 (9年保護者)

4) 卒業式

> 【基本的な考え方】
> ○全児童生徒が参加する。
> ○一貫校卒業生である9年だけでなく，小学校段階卒業の6年も含めた合同の卒業式にする。送辞，答辞は，1～9年生の代表が集団で行う。
> ○低学年の児童の実態を考え，式の時間がなるべく長くならないようにする。
> ○盛大な中にも厳粛に式を執り行う。
> (児童生徒会主催の「6年生を祝う会」や「9年生を送る会」は別に設定した。)

卒業生の練習は6・9年合同で行い，4時間程度，在校生の練習は2時間程度である。それ以外に全校で行う予行練習を2時間行った。あらかじめ，卒業式の意味をよく伝えてあったため，練習のときから，児童生徒はしっかりと行動できていた。

当日は2時間以上の式になったが，低学年の児童も含め，無事に式を終えることができた。式後の歓送パレードで，別れを惜しむ6・9年生の涙が印象的だった。

〈成果〉　・全学年児童生徒が参加し，9年間一貫で臨む意識が高まった。
〈課題〉　・人数が多いため，全体の移動や行動に時間がかかった。
　　　　・教員の指導は，小学生の低学年もいるため，優しくわかりやすい言葉で行うことが必要であった。

5) 全体を通して

全学年児童生徒が参加して行事を行うと，9年間一貫で臨む意識が高まる。一貫校としてはメリットがあるが，一方で，全体の移動や行動に時間がかかる等，大規模校としての

デメリットも明らかになりつつある。さらに児童生徒数の増加が予想される次年度以降の課題である。大規模になったことを行事の盛り上がりに生かせるような工夫が必要となるであろう。

② 校内組織

　学校組織の運営については，かねてより学校外の人から，「なべぶた」組織であり，「一人一役」の考えで校務分掌が細かく分けられ，結果や成果についての責任があいまいであるとの指摘があった。日野学園では，これまでの仲間意識の学校組織を見直し，校長のリーダーシップのもと，教職員が一致協力して学校の目的に向けて組織的，機能的な学校運営が行われるようにする必要があると考えた。

1)校務分掌など校内組織の整備

　学校の校務分掌や組織体制については，職務内容を考えて整理合理化し，簡素なものにする必要がある。それは，人のための部署でなく，職務のための職を設定することが大切になる。そこで一番目に行う合理化は，校長からの指示伝達が徹底するラインの形成である。例えば，教務の時間割については，校長・副校長→主幹（教務主任）→担当者となる。校長からの権限の移譲で，主務担当者の主幹がどの程度の権限を行使できるかの合意が形成されていることが大変重要なことである。そのために，これまでの組織を柔軟に見直して全体を大胆に整理統合することとした。これまでの慣行に縛られず，必要な日常校務の効率化を第一とする。

2)会議のスリム化

　組織が効率よく運営されるには，会議をスリム化する必要があった。まず，「職員会議」である。主幹職が決定することができることについては，改めて全員で会議を開いて協議する必要は全くない。本校では，毎朝行う学校運営会議において，主幹からの提案（起案）を受け入れる体制をもつことから，いわゆる「何もかも討議しなくてはすまないという意味での職員会議」は不要である。よって，開校以来職員会議に代えて職員連絡会を設定している。また，各種会議においては，時間が長時間に及ばないように，議論の視点を明確にして焦点がボケないようにすることや，枝葉の問題を議論しないように，内容のスリム化も行っている。

3)渉外・広報の位置付け

　開かれた学校経営といわれて随分経つのにもかかわらず，学校からの発信は，旧態依然としたお手紙が主体である。学校に欠けている情報の発信機能をもつ渉外や広報の機能を校務分掌に位置付ける必要がある。日野学園には，総務部を作り，副校長直轄の実働部隊として，事務職員，用務職員を中心にして，渉外と情報発信の広報を行いたいと考えた。学校ホームページや学校便りなどを一括管理し，いつでも新鮮な学校像を作り上げたいと考えた。

4) 学校運営を支える体制の整備

主任制度が行われて20年余を経過したが，学校運営に適切に機能しているかというと，決して理想のようにはなっていないとの声が聞こえそうである。東京都の人事制度では，職として中間管理職の位置付けの「主幹職」を設定しているので，主幹層を育てて運営の要にすることが，体制の整備を生かすことになる。

5) 職員間の連携

学校運営は教職員によって行われている。そこで，個々の所属職員が得た研修の成果を他の職員にも共有できるような校内組織や研修機会が必要である。そのような場面で，いわゆる「知の共有化」が図られ，知的に機能する体制となる。本校では，校内ネットワークのイントラのメール機能を活用して，日常的なレベルでの知の共有化を行っている。口頭による連絡や報告，手書きベースによる回覧ではなく，一人一人に電子ファイルとしての知的資産が渡される形式をとっている。

6) 事務校務処理体制の整備

事務処理・校務処理を行ううえで，効率化を図るために積極的なＩＴ化を進める必要がある。事務処理に係る書類や日常の情報も，校内ネットワークにより個人のコンピュータ（私用ではなく，公的なコンピュータが全教員に配置されている）経由で配信する仕組みを作り上げている。また，校務処理についても，個人情報の保護のために，データを外に持ち出せないように校内で一括管理を行っている。教員同士の成績の受け渡しもイントラによるデータのやり取りである。

7) 日野学園での具体的な改善方向

小中一貫校としての新たな学校に際して，どのように具体化するかをまとめると以下のようになる。

- 組織のラインを明確にして，校務分掌全体を簡素化する。
- 組織を構築し，主幹による組織活動を中心とする。
- 校長・副校長・主幹の権限を細部にわたり文章化して示す。
- 各分掌内で主幹を責任者とした運営会議をメインにして職員会議を廃した。全教職員への伝達に連絡会を設ける。
- 渉外・広報を充実するために，分掌に新たに総務部を設け，副校長の直轄とした。
- 各分掌に５人の主幹を配置し，命令や報告の伝達を確実にし，それぞれの校務分掌が業務内容に責任をもって行えるようにした。
- 校務分掌の一つに研究部を設け，強力に研究を進めるための体制を作っている。また，小中一貫校であることにより一体化した事務処理体制である。
- 事務長等を置く。
- 校内ネットワークおよびＩＴ化を充実させ，学校運営，教務処理や授業等で使えるように整備を進める。

第3節　一貫体制の構築

●校務組織の成果と課題●

　前述の内容は，ほとんど実現させている。会議等の組織をまとめると，以下のようになる。

- 学校運営会議――（校長，副校長，主幹）＋（学年主任）　　　　毎朝
- 職員朝礼　　　　　　　　　　　　　　　　　　　　　　　　　　毎日
- 職員連絡会（全教職員）　　　　　　　　　　　　　　　　　　　月1回
- ブロック会議（1－4，5－7，8－9の各ブロックの教員と副校長）月1回
- 研究推進会議　　　　　　　　　　　　　　　　　　　　　　　　月1回程度
- 研究分科会　　　　　　　　　　　　　　　　　　　　　　　　　適宜
- 教科担当者会議　　　　　　　　　　　　　　　　　　　　　　　年数回
- 学年会議　　　　　　　　　　　　　　　　　　　　　　　　　　適宜
- 特別支援教育推進会議　　　　　　　　　　　　　　　　　　　　適宜
- 各種委員会　　　　　　　　　　　　　　　　　　　　　　　　　行事ごと
- 校務分掌会　　　　　　　　　　　　　　　　　　　　　　　　　適宜

　職員会議を廃して職員連絡会とし，基本的に職員会議が協議の場ではなくなったことで，短時間内で多くの内容について情報の共有化が図られるようになった。毎朝，9名で行っている学校運営会議の内容が学年，特に中学校の学年に伝わらないことがあったので，週に1回学年主任を交えた運営会議とした。

　職員間で児童生徒のことについて話を出す機会をブロック会で行っている。その際，全校の教職員への周知が必要なことや，緊急なものは職員朝礼，重要なことは職員連絡会で伝達を行っている。

　協議を必要としない情報の伝達・連絡には，イントラを積極的に活用している。

　学年会議のために，4階，5階のオープンスペースに教師コーナーを設けている。しかし，その活用はまだ不十分である。今後，その使い方や整備を工夫する必要がある。

　さらに，研究分科会の長は，研究部に所属している教員を任命し，研究体制の一元化を図っている。

第2章 小中一貫校日野学園の実践

平成19年度 小中一貫校 日野学園 組織と分掌

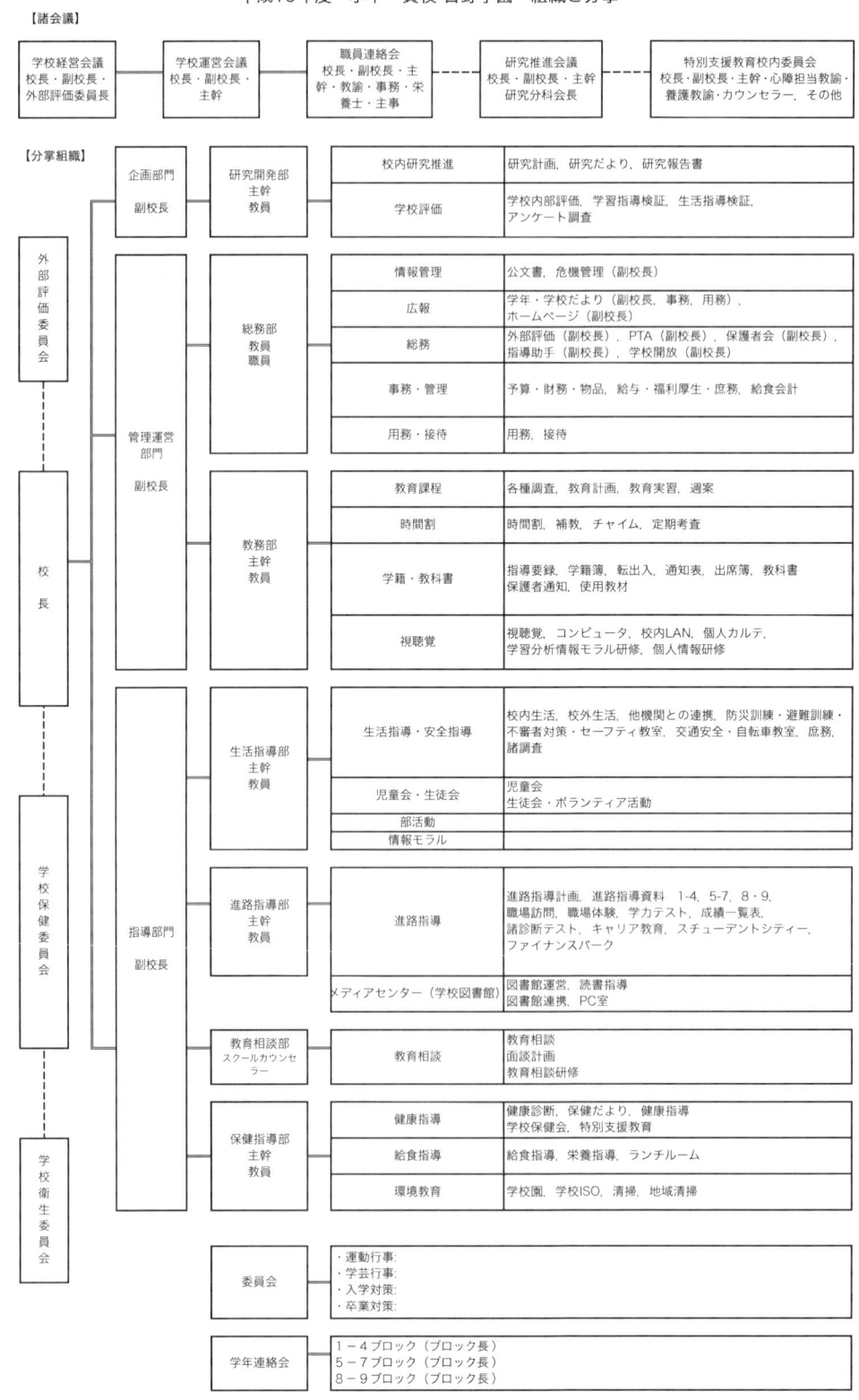

【諸会議】

学校経営会議	校長・副校長・外部評価委員長
学校運営会議	校長・副校長・主幹
職員連絡会	校長・副校長・主幹・教諭・事務・栄養士・主事
研究推進会議	校長・副校長・主幹・研究分科会長
特別支援教育校内委員会	校長・副校長・主幹・心障担当教諭・養護教諭・カウンセラー，その他

【分掌組織】

外部評価委員会 — 校長 — 学校保健委員会 — 学校衛生委員会

企画部門（副校長）
- 研究開発部 主幹教員
  - 校内研究推進：研究計画，研究だより，研究報告書
  - 学校評価：学校内部評価，学習指導検証，生活指導検証，アンケート調査

管理運営部門（副校長）
- 総務部 教員 職員
  - 情報管理：公文書，危機管理（副校長）
  - 広報：学年・学校だより（副校長，事務，用務），ホームページ（副校長）
  - 総務：外部評価（副校長），PTA（副校長），保護者会（副校長），指導助手（副校長），学校開放（副校長）
  - 事務・管理：予算，財務，物品，給与・福利厚生，庶務，給食会計
  - 用務・接待：用務，接待
- 教務部 主幹教員
  - 教育課程：各種調査，教育計画，教育実習，週案
  - 時間割：時間割，補教，チャイム，定期考査
  - 学籍・教科書：指導要録，学籍簿，転出入，通知表，出席簿，教科書，保護者通知，使用教材
  - 視聴覚：視聴覚，コンピュータ，校内LAN，個人カルテ，学習分析情報モラル研修，個人情報研修

指導部門（副校長）
- 生活指導部 主幹教員
  - 生活指導・安全指導：校内生活，校外生活，他機関との連携，防災訓練・避難訓練・不審者対策・セーフティ教室，交通安全・自転車教室，庶務，諸調査
  - 児童会・生徒会：児童会／生徒会・ボランティア活動
  - 部活動
  - 情報モラル
- 進路指導部 主幹教員
  - 進路指導：進路指導計画，進路指導資料 1-4, 5-7, 8・9，職場訪問，職場体験，学力テスト，成績一覧表，諸診断テスト，キャリア教育，スチューデントシティー，ファイナンスパーク
  - メディアセンター（学校図書館）：図書館運営，読書指導，図書館連携，PC室
- 教育相談部 スクールカウンセラー
  - 教育相談：教育相談，面談計画，教育相談研修
- 保健指導部 主幹教員
  - 健康指導：健康診断，保健だより，健康指導，学校保健会，特別支援教育
  - 給食指導：給食指導，栄養指導，ランチルーム
  - 環境教育：学校園，学校ISO，清掃，地域清掃

委員会
- 運動行事
- 学芸行事
- 入学対策
- 卒業対策

学年連絡会
- 1-4ブロック（ブロック長）
- 5-7ブロック（ブロック長）
- 8-9ブロック（ブロック長）

③ 小中一貫校におけるPTA活動

1) 小中一貫校でのPTA活動のあり方

　全国初の公立学校施設一体型小中一貫校として開校した日野学園は，今まで小学校と中学校に分かれていた義務教育を9年間のまとまりとして小中学校が一つになり，子どもたちの成長をはぐくんでいこうとするものである。

　では，このような小中一貫校でのPTA活動はどのように行っていったらよいのだろうか。P役員も学校側も，なにしろ初めてのことなので戸惑いを感じていた。まして，小中一貫校の開設に対しては，保護者の中にはさまざまな意見があるなかであったので，当初は合同PTAの活動への準備は遅れ気味であった。

　しかし，準備が進むにつれて，学校や子どもたちとともにPTAもすばらしい小中一貫PTA組織を作っていこうと，熱が入ってきた。そして，小中一貫校開設の前々年度から，両校のPTAでは，「一貫校でのPTA活動をどうしていくのか」の話し合いを重ねた。そして，さまざまな課題はあるが，小中一貫校になるのであるから，当然「PTA活動も小中一貫にする」ことを原則にして，両校が一つになるための準備活動を開始していった。

2) 主な活動内容

〈前年度までの統一するまでの取り組み〉

　学校側とP役員会で，一貫校でのPTA活動のあり方や今後の活動について協議を重ねた。一貫校のPTA活動は一つの組織で行っていくという原則が確認されていたので，話し合いは比較的スムーズに進んだ。

　さらに，合同役員会の開催，行事の相互乗り入れ，合同特別委員会の発足（標準服検討委や記念行事実行委）等を行い，小中合同のPTA活動を行うための準備を重ねていった。

〈開校年度からの活動〉

• PTA組織と行事

　小と中，両PTAがそれぞれ役員を選出したが，学園の中では一つの組織として活動を始めている。PTA連合会との関係は，小P連は小学校のPTA役員組織が，中P連は中学校のPTA役員組織がそれぞれ対応するようにした。日野学園の代表としては，中学校の会長が就いた。

　各部＝委員会は，中学校の組織に合わせ，学年部，校外安全指導部，広報部，教養部とした。部長を互選で小中関係なく選出した。ただし，部長が小学校からの場合は，副部長を必ず中学校から出すことにした。

　行事も一貫体制で行うことを基本とした。家庭教育学級や地域健全育成運営協議会なども小中が合同で行った。ただ，行事の内容によっては小中が別々に運営していくものもあった。特に18年度は，学校も新しい場所になり，児童生徒数も増え，さらに，交通機関を利用して登校する子どもたちも増加した（1年・7年の25％が交通機関を利用してい

る）ので，交通安全防犯については，かなり力を入れて取り組んできた。防犯プレートの作成，朝夕の登下校時の交通安全指導と巡回，パトロール隊の組織なども行った。また，新たに小中合同親子ふれあい行事「日野まつり」などの行事を実施した。

- PTA規約改正

規約改正について，役員会等で協議を重ねながら，夏休み中に原案を作り，10月に運営委員会へ原案を提示し，11月に臨時総会で決定の手続きをとった。

規約改正での重点討議事項は，組織，役員の選出，会費会計などである。11月までに規約を改正したのは，年末には次年度の役員選考の取り組みが始まるので，タイムリミットだからである。新規約では，1〜4年の初等部，5〜7年の中等部，8・9年の高等部として組織の基本単位とするとともに，各部からそれぞれ役員を選出した。

3) 成果と課題

〈成果〉

- 小中一貫校におけるPTAのあり方について，学校側とよく協議をしていたことで，PTAとしても一定の方向性をもって進めていくことができた。
- 一つのPTAになったことで，今まで関心がなかった活動に対しても関心をもつようになり，小中の相互理解ができつつある。さらに，ほかでは経験できない小中の保護者の交流ができ，勉強になった。

〈課題〉

- 小P連と中P連とでは，活動内容が違う。委託事業の量や内容も違う。そのことから，役員の考えや意識にもずれがでることもある。
- 小は登下校時についての安全重視だが，中の場合は放課後の生活や休日の過ごし方が中心となる。このようなことから，合同パトロールなどは難しい。同じように保護者も，小と中では興味・関心が違い，全体を網羅するような行事は難しいと実感している。

3 三つのブロックの実践

① 1-4ブロック

1) 集会活動

月1回のブロック朝会の時には，ゲーム的な集会や縦割りグループで遊ぶ活動を行っている。これらの活動には，以下のようなねらいがある。

- 集団遊びを通して異学年と交流することで，人とかかわる楽しさや集団生活の醍醐味を味わう。
- 縦割りグループ活動を通して，上学年はリーダーシップを発揮して下学年を慈しみ，下学年は上学年を慕う，よき人間関係と規律ある態度を培う。

このねらいを達成するために次のような計画が立てられている。

1学期……「似顔絵集会」「もうじゅう狩りに行こう」「ジャンケン列車」「進化じゃんけん」などのゲーム的な活動が中心になる。

> 縦割りグループ発足式（7月）

24班×12・3人編成。グループの中で自己紹介をした後，友達の名前が覚えられるようなゲームを行う。

2学期……「ボール運びリレー」「水運びリレー」などの縦割りグループを活用した体育的な内容を行う。所属しているグループの意識を高めていく。また，4年生の班長を中心に，縦割りグループ遊びの計画も立てる。

3学期……4年生の班長を中心に縦割りグループ遊びを行う。班長がスムーズに進められるよう進行表を作成し，担当教諭が指導を行う。

（当日の流れ）　＊班長が持っている進行表から

　　8時10分　校庭に集合する。説明の後，それぞれ準備を行う。
　　8時20分　グループ名が書いてあるカードを持って，下学年を待つ。
　　8時25分　あいさつ・ルール説明　＊全員静かになってから
　　　　　　「朝のあいさつをします。全員立ってください。おはようございます。」
　　　　　　「これからたてわり遊びを始めます。今日の遊びは○○です。」「ルールを説明します。ルールは……。」
　　8時45分　たてわり遊び終了。先生のお話・終わりのあいさつ
　　　　　　「先生のお話です。よろしくお願いします。」
　　　　　　「つぎのたてわり遊びは○○です。集合場所は○○です。」
　　　　　　「これで，たてわり遊びを終わります。礼，ありがとうございました。」

2）4年生のリーダー性

ブロックの最上級生である4年生のリーダー性を育てるために，三つの期間に分けて指導している。

(1学期)
| 最上級生としての自覚と責任を感じる。 |

- 市民科「役割と責任」の中で、4年生に指導する。
- 朝会や集会などでの整列の仕方や話の聞き方など、ブロックのよいお手本になるよう指導する。

(2・3学期)
| 最上級生として行動・実践を行う。 |

- 月1回の縦割りグループ遊びや週1回の縦割り清掃を通して、リーダー性を培う。

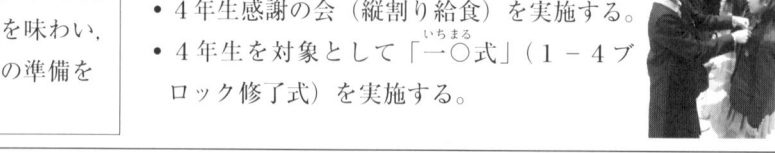

(学年末)
| 1年間の活動を振り返り、成就感と満足感を味わい、次のブロックへの準備を行う。 |

- 4年生感謝の会(縦割り給食)を実施する。
- 4年生を対象として「一〇式」(いちまる)(1-4ブロック修了式)を実施する。

② 5-7ブロック

　日野学園で一番広い学年のフロアをもっているのが5～7年である。小学生と中学生がともに生活する小中一貫校の特色がここに集約される。

　施設が一体化されていない場面での5-7ブロックは、5・6年が中学校で生活する合同教室の取り組みを通して、5→6→7年のスムーズな移行のあり方を図ることを目的としていた。施設一体型の日野学園が開校してからは、①8-9ブロックにつながる中学校の基本を身に付ける、②1-4ブロックへ学習面・生活面で働きかける、の二つのねらいをもって活動をしている。

　具体的には、これまでの合同教室時代から取り組んできた合同行事(ア.6・7年合同移動教室　イ.地域清掃　ウ.百人一首大会)と、月1回のブロック朝礼を中心とした日常生活での活動がある。

　地域清掃では、これまで年1回、学校周辺のゴミ拾いを5～7年合同で行ってきたが、5年生は、地域の方と「五反田駅前をきれいにする運動」に学年単独で参加し、駅前の花壇作りを手伝っている。通行者の多い駅前で作業することは決して簡単なことではないが、自分たちが植えた苗が花開くのを見た5年生はみな達成感を覚えた。

　月1回のブロック朝礼では、それぞれの

五反田駅前をきれいにする運動(5年)

学年の様子を知るために、まず、児童生徒の代表が短時間で「その月に学年で取り組んだ内容・翌月に計画した内容」を報告しあうようにしている。他の行事でもそうだが、きちんと準備し立派な態度で臨む5年生に、上級生もしっかりしなければという意識をもつよ

うである。

　9年間の学校生活の中で，5～7年は中だるみの時期に陥りやすい。学校全体において6年生の活躍する場面が，従来の小学校と比べると少ないのも事実である。先に述べた二つのねらいをもちつつ，児童生徒の意欲や達成感を伸長させる取り組みを計画し，今後いっそう進めていく必要がある。

③　8－9ブロック

1）運動会のリーダー

　運動会における8・9年生の役割・活躍は小中一貫校の花形の一つである。
　リーダーとして運動会運営の中枢を担い，また色ごとに作成した横断幕は10メートルあまりの長さの見事なものである。そして，9学年が一緒になって，心を一つにしての応援合戦は小中一貫校でしか見られない感動的な一場面である。そのどれにおいても，8－9ブロックの生徒が中心となって活動している。

2）卒業生を送る会

　「卒業生へ感謝の気持ちを伝える」という目的で，それぞれの学年が自分の役割を自覚し，責任をもって積極的に，卒業生に思い出をプレゼントすることを目指して取り組んでいる。3月中旬に実施している。
　プログラムとしては，1年生から8年生，6組も含めた在校児童生徒が9年生に合唱や合奏の贈り物をし，9年生が在籍する各団体からは40秒程度のメッセージが贈られる。その後，スライドによる「3年間の思い出」が上映され，9年生は，1年生から8年生の出し物への返答として「旅立ちの日に」を合唱する。また，1年生から9年生全員による学園歌の合唱に続き，最後は9年生からのメッセージで締めくくる。

下級生の合唱を真剣に聴く9年生

4　5・6年生の教科担任制

①　教科担任制の取り組み

　第二日野小学校では，平成15年度から，5年生以上の教科担任制の準備を始めた。教員数等の関係から，完全な教科担任制を行うことはできなかったが，5・6年担当の教員が教科を分担して児童の指導にあたった。このことにより，教員が自分の教科により専門的に取り組む姿勢ができ，教材準備や5・6年の系統的な指導法を工夫することができた。

また，児童は，複数の教員の授業を受けることに抵抗感をもつことなく，それぞれの教員の指導内容や指導方法をよく理解し，学習に取り組めることがわかった。

平成18年の日野学園開校とともに，5年生以上は完全な教科担任制を実施した。教科の大半は中学校の教員が担当した。中学校教員にとっては，小学生を教えるのは初めてのことで，当初，戸惑いや不安もあったが，それぞれの専門性を生かした授業を展開し，指導法の工夫や改善を重ねてきた。平成19年度（2年め）は，5・6年の担当教員が大幅に代わったが，前年度からの引き継ぎを受けて，よりスムーズな指導を行うことができている。児童もおおむね，「教科担任制になってよかった」「いろいろな先生と学習できるのがよい」と，教科担任制のよさを感じている。

4年生までは学級担任制で，個々の児童に対する理解や学習面での配慮事項を担任が把握して行うことができたが，教科担任制では，その点に不安があった。そこで，5・6年は各学年の教科担当者が日常的に教科担当者会議を開いて，個々の児童への理解や指導方法に関する共通理解を図ることに努めている。

② 教科担任制に関するアンケート…児童

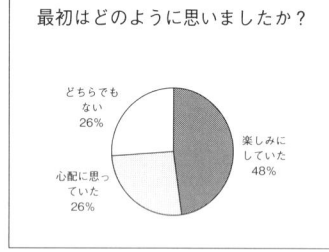

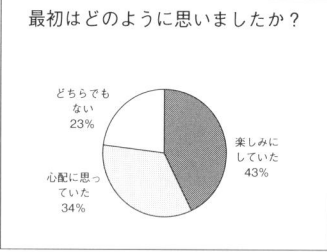

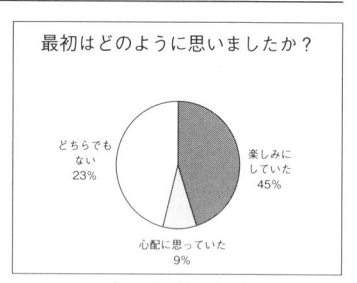

「最初はどのように思いましたか？」

- 平成18年度5年児童: 楽しみにしていた48%、心配に思っていた26%、どちらでもない26%
- 平成19年度5年児童: 楽しみにしていた43%、心配に思っていた34%、どちらでもない23%
- 平成18年度6年児童: 楽しみにしていた45%、心配に思っていた9%、どちらでもない23%

児童は約半数が「楽しみにしていた」と答えている。平成19年の6年生は，教科担任制が2年めということで，「心配に思っていた」と答えている児童が少ない。教科担任制が定着していることがわかる。

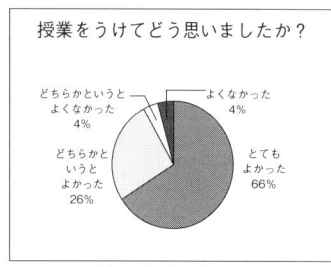

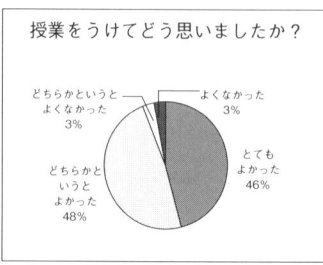

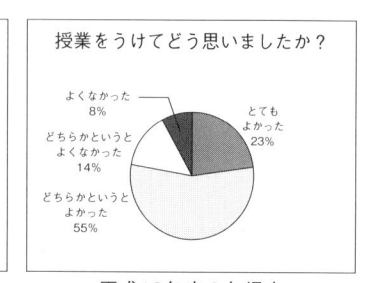

「授業をうけてどう思いましたか？」

- 平成18年度5年児童: とてもよかった66%、どちらかというとよかった26%、どちらかというとよくなかった4%、よくなかった4%
- 平成19年度5年児童: とてもよかった46%、どちらかというとよかった48%、どちらかというとよくなかった3%、よくなかった3%
- 平成18年度6年児童: とてもよかった23%、どちらかというとよかった55%、どちらかというとよくなかった14%、よくなかった8%

約8割以上の児童が，教科担任制の授業を受けて「よかった」と感じている。理由は「いろいろな先生と学習できる」「先生方の教え方が違う」と，教員の専門性や個性により授業に変化があることを「よい」と思っていることがわかった。

③ 教科担任制に関するアンケート…担当教員

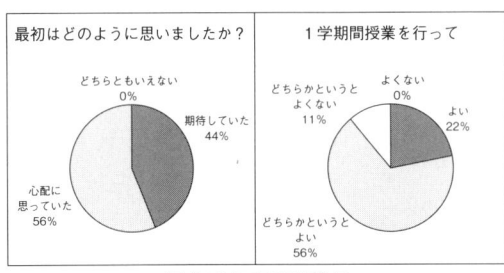

平成18年度担当教員

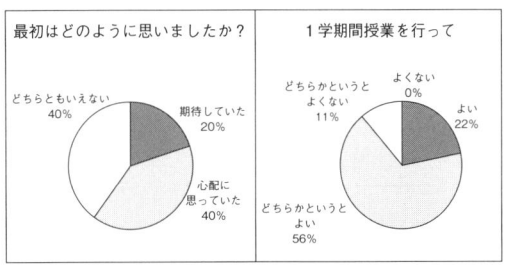

最初はどのように思いましたか？
- 期待していた 44%
- 心配に思っていた 56%
- どちらともいえない 0%

1学期間授業を行って
- よい 22%
- どちらかというとよい 56%
- どちらかというとよくない 11%
- よくない 0%

平成19年度担当教員

最初はどのように思いましたか？
- 期待していた 20%
- 心配に思っていた 40%
- どちらともいえない 40%

1学期間授業を行って
- よい 22%
- どちらかというとよい 56%
- どちらかというとよくない 11%
- よくない 0%

　平成19年度の担当教員は，昨年度（平成18年度）の実施報告を受けて，よかった点，改善すべき点について情報を持っている。そのため，期待できる部分とさらなる工夫が必要となる部分がわかって，「どちらともいえない」という回答が増えたといえる。

　「授業を行ってみて」では，9割以上の教員が「よい」と答えている。5・6年でどんな力をつけていけば，7年以上のつまずきを解消し，学力の向上につながるかを，実践を通して実感したからである。また，5・6年という年齢に合わせた授業内容の工夫や学級担任との連絡，教科担当者間の連絡，個別指導の必要性なども，2年めには，かなり具体的な改善案が出てきている。

5 異学年交流 B & S (Brother & Sister) の取り組み

　小中一貫校の利点を活用し，異学年交流としてB＆S（Brother & Sister）の活動を行っている。7〜9年生が1年生の教室に行き，さまざまな活動を行うなかで，お互いの関係をより密接なものにし，お互いが向上していくのである。

　1年生にとっては，安全で楽しい学校生活を共有する過程で，上級生から学校生活のきまりを学び，基本的生活習慣や社会性を身に付けていく。一方，上級生にとっては，1年生にきまりを教え，面倒を見たり，一緒に遊んだりすることを通して，自己を振り返り，集団生活の向上のための自治活動を学ぶのである。

　9年生の中にも，自分が最上級生であるという意識をもてない生徒がいる。自己の姿を客観的に見つめ，自身の成長を確認できないのである。小中一貫校では，身近に小学生がいる。小学生の面倒を見ることで上級生としての自覚をもち，自信を付けていく。もちろん，いつもうまくいくとは限らない。思った通りにいかず落ち込んだり，嫌になったりすることもある。それを乗り越えることで，さらなる成長が期待できるのであ

る。自身の弱点に気付くことも重要なのである。

　Ｂ＆Ｓの活動は，男女ペアで，以下の形で行う。

- 8：10　1年担任に連絡事項の確認。
　　　　担当する教室へ行き，児童と交流。不測の事態が生じた場合には職員室に連絡する。
- 8：25　着席指示。あいさつ。（出席点検・健康観察・今日の連絡）
　　　　担任がつき，うまくいかないときには援助する。
- 8：30　ステップアップⅠの授業に戻る。（授業は通常通りに受ける）
- 12：35　給食準備の手伝い。給食を一緒に食べて交流する。給食後は片付けの手伝い。
- 13：05　昼休み。危ない遊びをしたり，させたりしないように気を付けて交流する。
　　　　不測の事態が生じた場合には職員室に連絡する。
- 13：30　着席指示。
- 13：35　5校時の授業に戻る。

　　　　（その日のうちに「Ｂ＆Ｓ日誌」をつけ，9年担任に提出する）

Ｂ＆Ｓ日誌

▽気付いたこと

朝学活のとき…	昼休みのとき…
給食のとき…	掃除のとき…

▽連絡事項

1年生の担任の先生に知らせたいこと	明日の担当生徒への伝達事項

▽自己評価（記号に○をつける）

	氏名：	氏名：
席に座らせることができた。（自主的活動）	A・B・C・D	A・B・C・D
給食の手伝いができた。（責任遂行）	A・B・C・D	A・B・C・D
危険がないように遊ぶことができた。（自他理解）	A・B・C・D	A・B・C・D
いっしょに清掃ができた。（責任遂行）	A・B・C・D	A・B・C・D
自分の授業に遅れないようにもどった。（自己管理）	A・B・C・D	A・B・C・D
次回もＢ＆Ｓをやりたい。（自治的活動）	A・B・C・D	A・B・C・D

　自己評価の記入　A：そう思う　B：少しそう思う　C：あまりそう思わない　D：全然そう思わない

▽Ｂ＆Ｓをやった感想・自由記述（一人ずつ記入する）

氏名：（　　　　　　　　　　　）	氏名：（　　　　　　　　　　　）

生徒の感想には以下のようなものがあった。

〈B＆Sに行く前の１年生の印象〉
＋のイメージ
・元気 ・活発 ・明るい ・楽しそう ・無邪気 ・かわいい ・純真 ・素直
・人の話をちゃんと聞いている ・きちんと返事ができる ・少しうるさいけど，すぐ静かになると思う

△どちらでもない・心配・不安
・小さい ・幼い ・楽しく話ができるか心配で，緊張した ・言うことをきいてくれるか心配 ・どう対応していいのかわからず不安 ・話しかけてくれるか心配 ・にぎやか ・おとなしい

－のイメージ
・騒がしい ・元気すぎて，落ち着きがない ・言うことや話を聞かない ・言葉遣いが悪い ・走り回って暴れている ・立ち歩きをしていそう ・しつこそう ・からかわれそう ・まとめるのが大変そう ・ませている ・自分の意見を通そうとする ・感謝の気持ちが欠けている

〈B＆Sで，１年生とどのようなふれあいをしたか〉
・しりとりをした ・本を読んだ ・絵を描いてもらった ・折り紙を一緒に折った ・折り紙をもらった ・紙飛行機などを作ってくれた ・サッカーをして遊んだ ・鬼ごっこをした ・だっこをしてあげた ・ランドセルへ出し入れの手伝いをした ・１年生で，今，はやっていることを聞いた（ポケモン） ・運動会への意気込みなどを聞いたりした ・給食のときに，一緒に話をした ・明るくあいさつができた ・校庭で走ったりして遊んだ ・楽しく給食を食べることができた ・仲良く遊ぶことができた ・名前も覚えてくれたのでよかった ・素直だった ・静かだった ・友達のように接することができた

〈B＆Sを通して，１年生の印象がどう変化したか〉
・１年生は積極的だった ・とてもいい子たちだと思った ・ちゃんと言われたことはやっていた ・元気な子が多かった ・落ち着きがないことはなかった ・ためらいもなく話してきたので，すごいと思った ・ただうるさいだけではないと思った ・明るかった ・もっとたくさん話をしたいと思った ・無邪気だと思った ・絵を描くのがうまかった ・思った通り優しい子ばかりだった ・話をして，おもしろい子が多いと感じた ・１年生は頭がよかった ・１年生が協力し合っていること，人の意見も聞けること，知識が多いことに驚いた ・静かにするときは静かにできていて，偉かった
・１年生は意外と静かだった ・自分が思っていたほど走り回らないし，折り紙を折っているおとなしい子もいて驚いた

〈B＆Sで困ったこと〉
- 言うことを聞いてくれないこと ・なかなか静かにならなかったこと ・1年生が泣いているときの対応の仕方 ・けんかをしたときの対応 ・質問や話していることの内容がわからなかったこと ・一斉に話しかけられ，どっちの話を聞いたらいいのか迷った ・いろいろな質問をされて，答えきれなかったこと ・手を引っ張って，放してくれないこと ・チャイムが鳴り終わった後にトイレに行きたいと言われた ・名前のイントネーションがわからないこと ・給食を食べ終わるのが遅いこと

〈今後，下級生とどのようなかかわりを持ちたいか〉
- 一緒に遊びたい ・トランプをしたい ・自分が6年生だったときみたいに，遊んであげたい ・一緒に行動して，より仲を深めたい ・仲良くなりたい ・ランチルームで一緒に給食を食べたい ・ランチルームで給食を食べるくらいがいい ・スポーツをして交流したい ・B＆Sを続けていきたい ・いろいろな行事のときに，一緒にやりたい ・話をしたり聞いたりしたい ・B＆Sでなくても，休み時間とか普通に話せるようにしたい ・気軽に話したり，遊んだりできたらいい ・もっと話ができる関係を持ちたい ・もっと触れ合いたい ・鬼ごっこどか，1年生が好きな遊びをして仲良くなりたい ・全校での鬼ごっこ ・縦割り班を作る ・文化祭などで，交流できるプログラムを作る ・今と同じく，元気でいつも笑う下級生でいてほしい ・友達になりたい ・勉強を教えたい ・あいさつできる関係になりたい ・できるだけ話をしたり，1年生が安全に遊んでいるかをB＆Sだけでなくても，見たりしたい ・今までどおりでいい ・特にない ・B＆Sだけでいい ・無理にかかわる必要はない ・一緒にやるのは部活くらいでいい

〈B＆Sを通して，感じたことや思ったこと〉
- 小さい子と遊んだりすることは，いいことだと思った ・初めはとても緊張して，あまりやりたくなかったが，でもやっている最中は特に違和感もなく，むしろ楽しい気持ちのほうが多かった ・B＆Sをやってみて，初めは「面倒くさい」と思ってたけど，やってみたら楽しかった ・最初は「大変だろうな……」と思っていました。でも，実際はとっても楽しく，仲良くなれてうれしかったです ・1年生はやっぱりかわいいし，とっても素直だと思った ・年齢が増すにつれて，素直さがなくなっていくと思う。1年生にはずっと今の素直さを保っていてほしい ・発想がすごいと思った ・小さい子はかわいいと思った ・小さな子どもにも，それなりの価値観や考え方がある ・下級生と触れ合うことは，やっぱり大事なんだなあと思った ・B＆Sを通して，上級生と下級生が仲良く話ができるといいなと思った ・1年生と触れ合うことができてよかった

6　児童生徒会の活動

① 組織

　平成18年4月の小中一貫校日野学園の開校に向けて，第二日野小学校と日野中学校は小中一貫教育の必要性とそれに基づく研究を進めてきた。組織や研究体制の面での成果として，小中一貫校独自の組織や行事の研究が推進されたことがあげられる。これからの課題としては，異年齢集団での交流などの児童生徒の豊かなかかわりを通して，豊かな人間性や社会性を育成していくことがあげられる。

　それらの研究を踏まえて，第二日野小学校の児童会と日野中学校の生徒会を統合して日野学園児童生徒会が組織された。従来の生徒会では7年生以上の生徒が生徒会役員として組織運営を行ってきたが，日野学園児童生徒会では5年生以上の児童生徒が組織運営を行っている。

　児童生徒会選挙は9月に行われ，児童生徒会役員，副会長，会長が選出される。平成18年度は児童と生徒との人数比を考慮に入れ，5・6年生は学年で一人ずつ代表を学級で選出した後，5年生以上の児童生徒による信任投票を行った。

5年	6年	7～9年の役員	副会長	会長	合計
1名	1名	4名	2名	1名	9名

② 常任委員会

　日野学園では，児童生徒会を中心として常任委員会が活動をしている。平成19年度現在，学級委員会，給食委員会，生活委員会，整美委員会，保健委員会，体育委員会，図書委員会，放送委員会の8委員会がある。5年生以上の各学級，男女各1名ずつが選ばれて活動をしている。

　4年生以下の学年への連絡については，学級担任を通じて各委員会の委員が伝達事項を伝えることで，正確に内容を伝えられるようにしている。

児童生徒会組織図

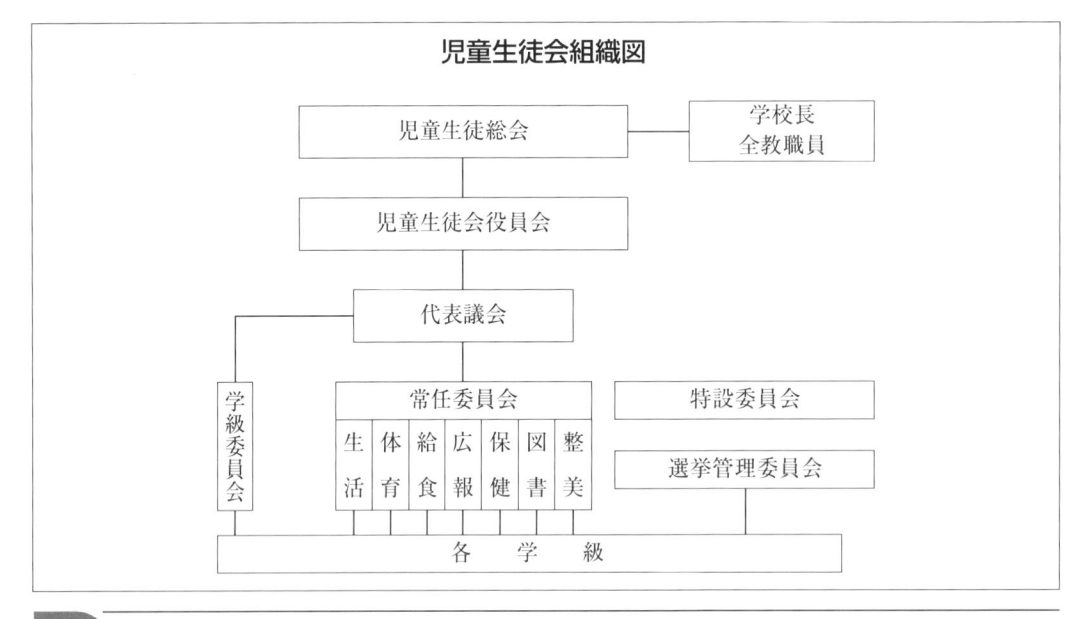

- 児童生徒総会 ― 学校長 全教職員
- 児童生徒会役員会
- 代表議会
- 学級委員会
- 常任委員会：生活／体育／給食／広報／保健／図書／整美
- 特設委員会
- 選挙管理委員会
- 各学級

③ 活　動

　児童生徒会の活動については，品川区小中一貫要領第11節市民科【第3】指導計画作成上の配慮事項と内容の取扱いの「3」②内容において，「学校の全児童生徒をもって組織する児童生徒会活動において，学校生活の充実や改善向上を図るために，協力して諸問題の解決を図るとともに，連絡調整に関するものや学校行事への協力，ボランティア活動などを行うこと。主として，自治的活動領域並びに文化創造領域との関連を図ること」があげられている。

　日野学園児童生徒会ではそれに基づき，市民科との関連を図りながら学校行事や児童生徒会活動を行っている。

3　内容並びに時数，児童会・生徒会活動，クラブ活動，学校行事の取扱いについて

❶ 市民科の構成

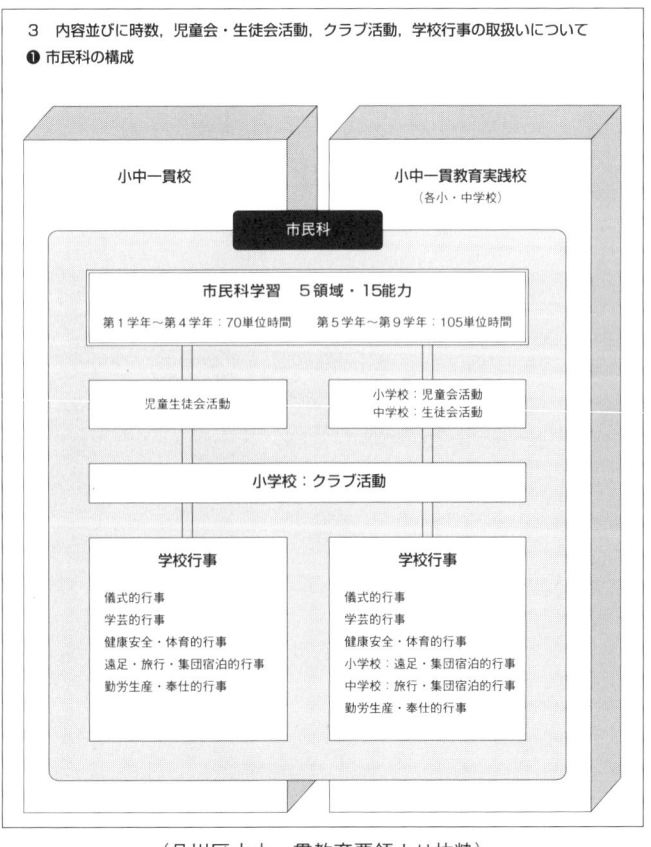

小中一貫校	小中一貫教育実践校（各小・中学校）
市民科	市民科

市民科学習　5領域・15能力
第1学年～第4学年：70単位時間　　第5学年～第9学年：105単位時間

児童生徒活動	小学校：児童会活動／中学校：生徒会活動

小学校：クラブ活動

学校行事	学校行事
儀式的行事 学芸的行事 健康安全・体育的行事 遠足・旅行・集団宿泊的行事 勤労生産・奉仕的行事	儀式的行事 学芸的行事 健康安全・体育的行事 小学校：遠足・集団宿泊的行事 中学校：旅行・集団宿泊的行事 勤労生産・奉仕的行事

（品川区小中一貫教育要領より抜粋）

〈年間活動計画〉

月	行　　事	活　　動
4	新入生を迎える会・任命式	・常任委員会運営
5	運動会	・児童生徒会朝礼
6		・児童生徒会新聞発行
7		・アイデアボックスの回答
8		・児童生徒会ホームページの更新
9	児童生徒会選挙	・児童生徒会地域清掃活動
10	児童生徒総会・学校説明会・文化祭	
11		
12		
1		
2	ユニセフ募金活動	
3	卒業生を送る会	

④ 活動例

1）新入生を迎える会

　平成18,19年度は，1年生と7年生を新入生として歓迎する会を行った。1年生の体力や委員会，部活動とのかかわりの面から前半と後半に分け，1～4年生は前半のみの参加とした。後半では委員会や児童生徒会および部活動の紹介を行った。平成18年度は舞台上での発表としていたが，部活動数の増加や舞台の入退場，制限時間などの問題があったため，平成19年度からは児童生徒会役員が部活動を訪問してどのように紹介したいのかを相談しながらビデオ撮影を行い，編集したものをビデオ上映する形とした。

　　新入生入場
　　新入生歓迎のあいさつ（児童生徒会長）
　　歓迎の歌（2～9年　学園歌）
　　新入生代表のあいさつ（1年　代表）
　　新入生（1年）の出し物（歌：1年生になったら）
　　新入生（1年）退場，2・3・4年退場
　　委員会・児童生徒会の紹介（冊子による紹介）
　　部活動紹介（ビデオ上映による部活動紹介。新設の部活動は舞台上で顧問が紹介する）
　　新入生（お礼）の言葉（7年代表）
　　新入生退場　（7年生），在校生退場　（5・6・8・9年）

2) ユニセフ募金

3・4年生の市民科【将来設計領域】の社会的役割遂行能力の単元にボランティア活動の意味や募金活動の意義を考える「わたしたちにできること」がある。児童生徒会では3年生の担任と相談をしながら，1～9年生までが協力することができるユニセフ募金の活動に取り組んだ。

休み時間には，3年生は5～9年生の教室を，児童生徒会役員は1～4年生の教室を回ってユニセフ募金の協力を呼びかけた。児童生徒会朝会で3年生とともに発表を行い，募金活動期間は朝の募金活動を3年生と一緒に行った。

⑤ 児童生徒会役員の感想

小中一貫校の児童生徒会として苦労したこと，思い出に残っていることは何ですか？
- 小学生にもお知らせしなくてはいけないことがあるときは，教室まで行って，小学生にもわかるように内容をやさしくして話さないといけないことです。
- アンケートの集計では，児童生徒数が多くて大変でしたが，集計し終わった時にはうれしかった。それに，いろいろな意見があることがわかってよかったです。

児童生徒会の活動の中で，いちばんがんばった行事は何ですか？
- 運動会では，交流種目（※特別支援学級の生徒との交流を行う種目）の企画や，参加するみんなへの説明が大変だったけど，自分たちで成功させようとがんばりました。

児童生徒会役員として，どんなことにやりがいを感じましたか？
- 学校生活を裏で支えるところです。大変だけど，終わった時は達成感があります。
- 児童生徒のみんなや先生方に「がんばってるね」と言われたときです。

7 部活動

日野学園では，5年生以上の児童生徒が部活動に参加することができる。本校では施設，指導者ともに部活動ができる環境が他の学校に比べ恵まれており，平成19年度は文科系・スポーツ系合わせ，19の部活動が発足・活動している。7年生～9年生の部活参加状況は90％にのぼっている。その影響からか5・6年生の部活動への参加状況も昨年度の数名から16名へと一気に増加し，特に，そのうちの5年生が39名中14名参加と大幅に伸びている。

これは，小学生の部活動への期待度や関心の高まりが影響しているものと思われる。本校では体力面等を考慮して，原則として小学生の活動時間を放課後から5時までとしているが，中学生と同じ時間帯での活動を希望している児童や保護者が多く，特例として認めている部活もある。実際に部活に参加している児童・生徒の感想を以下に紹介する。

児童A（6年）

　わたしは昨年の秋から理科部に入っています。その時期はとても大変な時期でした。それはちょうど文化祭の時期だったからです。文化祭に向けてロケットを作りました。材料はビニールのかさ袋とダンボール，ゴミ袋などです。ゴミ袋をドライヤーで風を送って膨らませ，それをつぶしてその空気が外に出ようとするのを利用してかさ袋を飛ばす仕組みです。文化祭当日は，1回めは失敗してしまいましたが，2回めで成功しました。1年生から9年生みんなが楽しんでくれて，自分もとても気持ちよかったです。その後，同じロケットで区の大会に出場し，1位をとったので都の大会にも出ることができました。都の大会ではうまくいきませんでしたが，出られただけでもうれしかったです。

生徒B（7年）

　わたしは，バレーボール部に入りました。父にすすめられたのがきっかけです。

　初めてバレー部に行ったときは，先輩としゃべりづらく，やることもよくわからず不安でした。でも一人の先輩が声をかけてくれたことがきっかけで，他の先輩たちとも話せるようになりました。今では，みんなといろいろな話をしています。

　初めて外周を走ったときは「こんなに走るのは無理」と思うほど走りました。トレーニングもきついことがありました。

　バレー部に入ってよかったと思うことは，先輩と仲良くなれたことと，バレーボールがうまくなれたことです。これからもがんばるつもりです。

8　IT化の推進

　日野学園では，計算と漢字の読み書きの力を児童生徒全員に確実に身に付けさせるために，スモールステップの問題作成や，その結果，個々の児童生徒がどこまでできたのかを記録するカルテをIT化している。校内ネットを活用して，どの教室からでも個々の児童生徒の達成状況にアクセスでき，指導の参考にできる。また，問題が自動的に作りだされるので，個別学習に使われている。

① 問題自動作成システム

　問題自動作成システムとは，学習内容の定着のためのドリルや確認テストとして利用できる問題（算数・数学と国語）を自動で作成できるソフトのことである。しかも，児童生

徒が自らの進度や到達度に合わせてパソコン上で操作し，ドリルを自動的に作成できるようになっている。小学校低学年では廊下にパソコンとプリンターが配置され，日常的に使用されている。また，高学年ではステップⅠの課題作成として使用されている。

● 算数・数学 ●

児童生徒は右の図のような画面操作から自ら問題を選択し，ドリルプリントを印刷することができる。問題は単元ごとに配列されており，現在学習している単元や既習の単元，あるいは前学年の既習単元も一覧で表示されている。また，問題の表示を単元名のみではなく，難易度も容易にわかるように例題が表示でき，児童生徒自身が選択できるようになっている。例えば，同単元であっても，同パターンで数字のみが違う問題を出力できるので，繰り返し指導ができる。

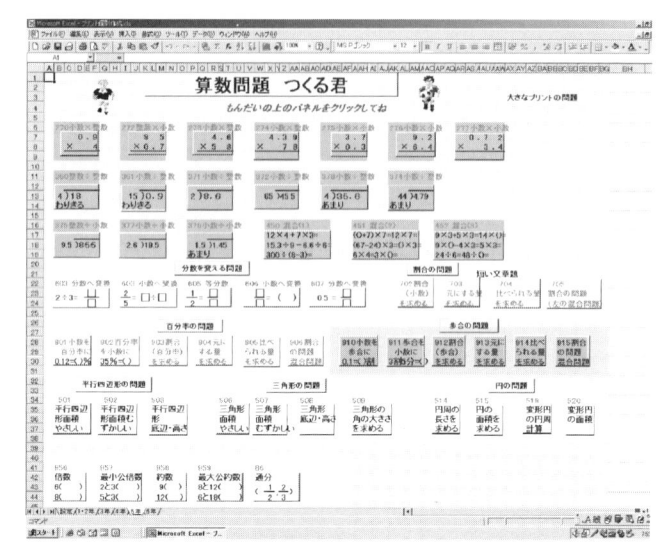

プリントの下に解答をつけることもできる。小学校2年生以上であれば自己採点ができるので，答え合わせを全員でする必要がない代わりに，担任は個別指導に時間を使うことができる。

● 国語（漢字）●

品川区版「漢字ステージ」は系統別に100ステージに分類されている。漢字の問題自動作成ソフトでは，そのステージごとに選択し，プリントを出力し，テストが実施できる。また，該当ステージの中に出てきた言葉の中からランダムに出題できる。問題数は10問と25問から選択でき，また，複数の単元にまたがっての選択もできる。学期末の確認テストにも使用できる。

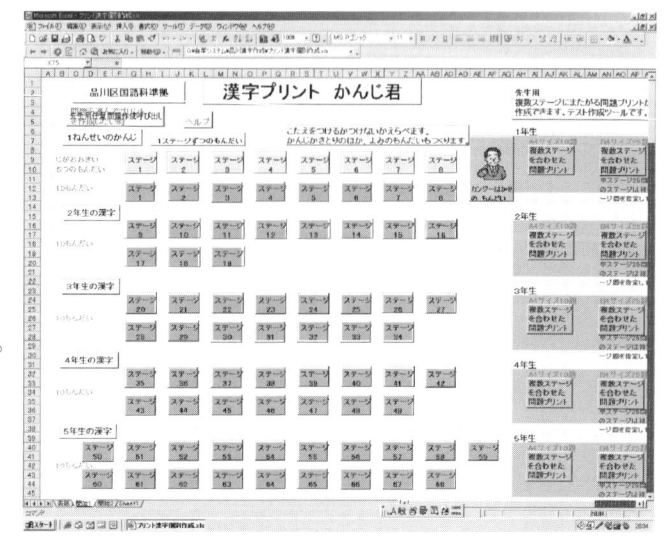

② 電子カルテ化

●個人カルテ活用モデルを探る──9年間の学習システムの必要性●

　文部科学省の調査では，不登校となった直接のきっかけとして，その根底に学力不振があるとしている。

　本校では，学校のシステムや教育のあり方を根本的に見直し，児童生徒に対し，学力向上を図る方策を児童生徒に提供していく責務があると考えている。施設一体型小中一貫校の環境では，7年や8年での習熟の不備が見つかったとき，6年や5年，4年などに遡り，つまずきの原因を見極めて指導にあたることが容易である。ときには，小中の教員が，児童生徒のつまずきに共通の課題として協議検討することができる。また，特別支援教育でも，基礎・基本の習熟について具体的にどの単元が身に付いていて，どの単元が課題なのかを，データをもととして指導していくことが大切となる。そのために，学習の履歴を正確に取り，保存をし，必要に応じて学習ガイダンスを通じて指導にあたる9年間の一貫した学習システムの構築が必要と考えた。

●電子カルテを通した学習モデルの構築●

　学習履歴を電子化し，これを本校では「電子カルテ」と呼び，右の図のような電子カルテを通した学習モデルを提案した。

①サーバーコンピュータに電子化された個人カルテ（電子カルテ）の設置。
②電子カルテにステップアップ学習や必修授業での習熟度別学習で得たデータの入力。
③データ収集用の問題は段階的に出題でき，かつ，その単元の習熟が不備の場合は何回でも同程度の異なった問題が出力できるような問題作成用ソフトの開発。
④教員が持っているノートパソコンから校内無線LANを通じてサーバーコンピュータに接続し，児童生徒の習熟度に合わせた問題を個別に出力。
⑤得られた電子カルテで児童生徒の学習成果を分析し，学習ガイダンスを通して学習指導。
⑥電子カルテは，学習ガイダンス時に，必要に応じて教員が持つノートパソコンを使って随時必要なデータの出力。

　以上のように，①〜⑥をシステムとして提案した。

●カルテ化にあたって●

　現在，国語の漢字と算数・数学において電子カルテ化を進行中である。電子カルテには1年生から9年生までのデータを入れることができる。カルテ用の問題は，算数で1年生から6年生までが完成しており，7年生では「正負」と「文字式」などを随時作成，更新している。次ページの表は算数学力一覧表で，4年生のものである。これには，4年生で

14単元ある中の除算，分和差算，分変換の3単元のデータが入っている。このように，詳しく単元ごとの子どものつまずきを早期にとらえて，個に応じた指導や授業改善に役立てることができる。このデータは，カルテ用の問題を活用して作ったものだが，一般のワークテストや各教師のテスト問題の成績を活用して，カルテにデータを入れることも可能になっている。

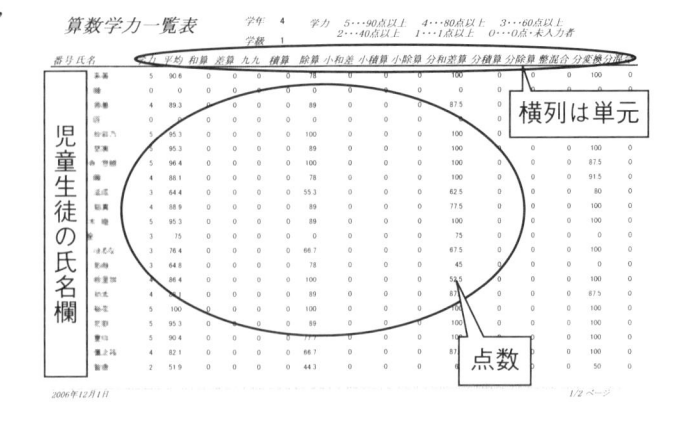

③ 試行実践

●電子カルテを活用した基礎・基本の学習の実際●

　電子カルテを活用し，ステップアップ学習Ｉを例にした基礎・基本の学習モデルの概要について述べる。下の「電子カルテを活用した基礎・基本の学習」の図は，大きく二つの要素の構成となっている。一つは四角の内側の網掛け部分の範囲で，毎時間の児童生徒の活動であり，問題作成用ソフトを使用して展開される。もう一つは外側の部分であり，電子カルテ（電子カルテソフトを使用）を活用した学習指導のサイクルである。

　このように，児童生徒の習熟度に応じた問題をリアルタイムに児童生徒に提供し，その結果を電子カルテに蓄積，分析し，学習指導に教員が当たるのが本システムである。

- 校内インフラの整備……問題作成用ソフトの開発，電子カルテソフトの開発，校内無線LANを活用したハードウェアの整備
- 毎時間の児童生徒の活動……教師は児童生徒の習熟度に応じた問題をパソコンで問題作成用ソフトから出力し，児童生徒は受け取った問題を解答する。児童生徒は時間内に自己採点をし，理解が不十分な部分について，その場で教員の指導を受ける。時間が終了後に答案を教員に提出する。
- 電子カルテを活用した学習指導……教員は答案を電子カルテに入力。入力されたデータを分析し，各生徒の習熟度に応じた指導計画を立案する。データの検討から作成さ

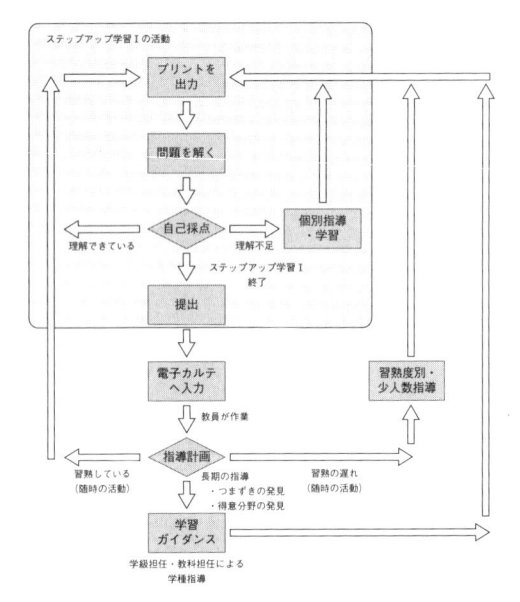

電子カルテを活用した基礎・基本の学習

れた指導計画は，ステップアップ学習や必修教科などで活用する。長期的な視野に立った学習指導にも学習ガイダンスで活用する。

● 漢字の活用モデルの提案 ●

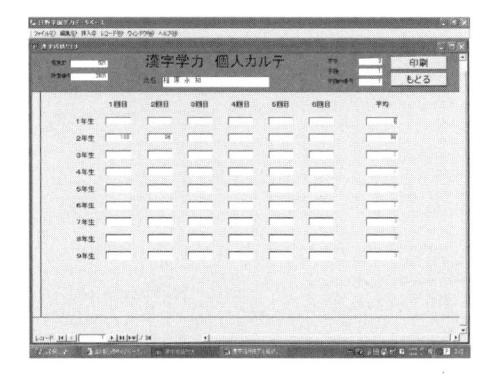

　3年生で試験的にテストを実施した。3年生は，当学年における学習漢字数が，2年の160字から格段に増えて200字になる。3年生の内容を履修する以前に，漢字学習の基本確認のため，2年生で履修した漢字について実験的にテストをした。テスト内容は，漢字の「読み」と同じ漢字の「書き」の問題である。問題数は「読み」・「書き」とも20問とした。今回は教師がプリントを用意し，ステップアップの時間を利用して，時間制限をつけたテスト形式で実施した。

・電子カルテ化

　　各個人の点数を電子カルテに入力する。入力は，テストの点数を回ごとに個人別のカルテに入力する。

● 算数・数学の活用モデル ●

　実際に活用の方向性を示すために，7年生で試験的にテストを実施した。今回は，小学校6年生までの学習内容の中から，分数の加減，小数の乗除など，6～8項目にわたっての複合的な問題で実施し，下の図の手順で問題傾向の分析まで行った。

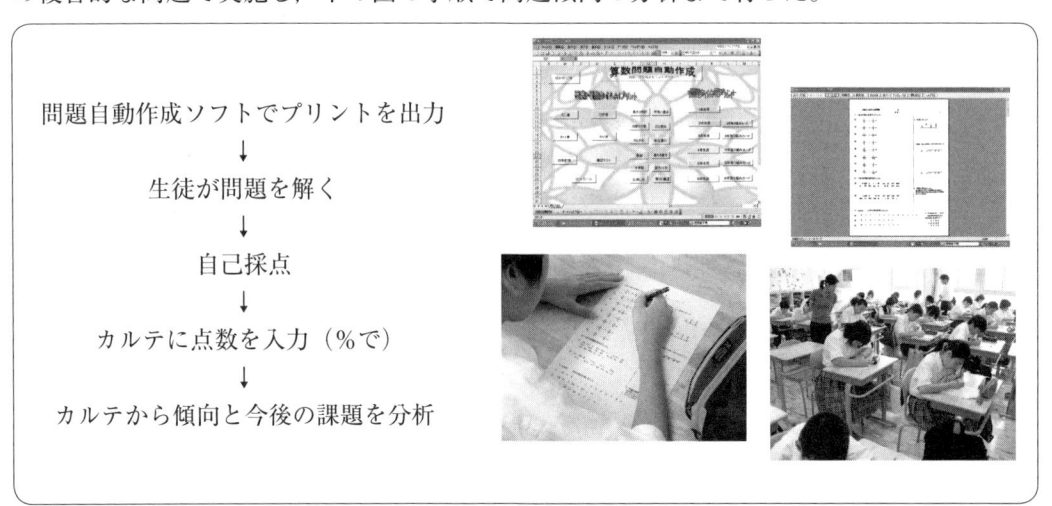

問題自動作成ソフトでプリントを出力
　　　　↓
　　生徒が問題を解く
　　　　↓
　　　自己採点
　　　　↓
　カルテに点数を入力（％で）
　　　　↓
カルテから傾向と今後の課題を分析

④ 成果と課題

　電子カルテ自体は，まだまだ現在進行中である。稼働したばかりであるし，9年間の長期にわたり縦断的にデータを蓄積しないといけないからである。しかしながら，現在までの取り組みでのいくつかの成果と課題を列挙して述べる。

● 成果として ●
- 9年間のデータを蓄積することで，子どもの弱点やつまずきを発見，把握でき，それらの原因を分析できる。
- つまずいたきっかけがどこにあるのかを過去に遡り，以後の指導に生かせる。
- 小学校課程（1〜6年生）の学習内容の到達度・定着度を中学校の段階で確認することができ，貴重な資料になる。
- 学校のどの教室にいても，校内無線LANを使用して学習を展開できる。
- 児童生徒の習熟度に応じた問題を，その場で手渡すことができる。
- 校内どこでも，過去のデータを参考にしながら客観的に学習ガイダンスができる。

● 課題として ●
- 9年間データを積み上げていく労力は大変なものになると考えられるため，その労力に見合った活用の仕方を十分検討しなければならない。
- 実際に，カルテを活用する場面がどの程度あるかと，活用する教員がどのように行うかが問題になる。

● 電子カルテの今後 ●

　電子カルテは，カルテとして利用してはじめて意味をもつ。しかしながら，当然として課題はまだまだある。そのため，入力データの分析方法を考え，あわせてカルテとしての活用方法を小中全教員がそれぞれの立場で考えていく必要がある。さらに意見交換をしながら修正と改善を常に行い，このシステム自体を確立していきたいと考える。

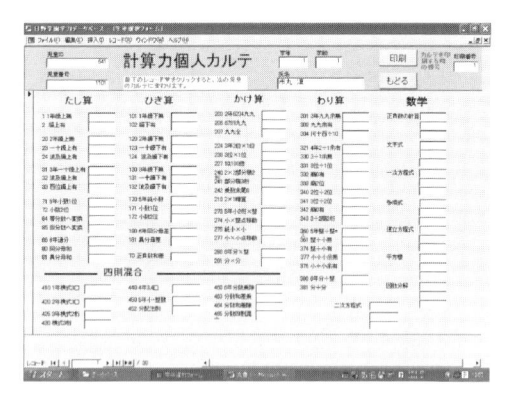

> （※）品川区「漢字ステージ」とは……
> 　漢字を，単元別ではなく，系統別に学習する漢字練習帳。履修は，通常，国語の単元別に学習するより早く学習するため，小学6年間および中学3年間の9年を通して学習する内容を，8年間で履修完了するように構成されている。（19ページ参照）

9　特別支援体制

① 日野学園の特別支援はどのように進められたか

　本校での特別支援教育は，「サマランカ宣言」と「発達障害者支援法」に基づいた教育上の措置であり，障害のある子どもも障害のない子どもも，同じ場で「共に学び，共に生きる」という理念のもとで進めた。

② 本校の特別支援教育の目的

　学習面や生活面で，特別な教育的支援が必要な児童生徒に対し，組織的にかかわるための校内支援体制を作り，実態を把握し，適切な配慮や教育を行う。

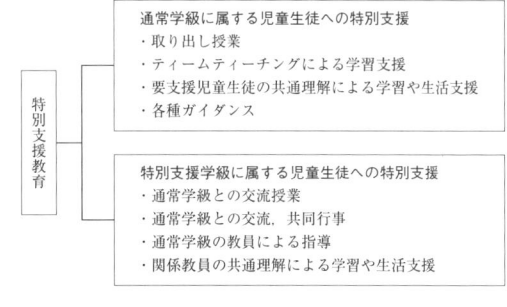

```
特別支援教育
├ 通常学級に属する児童生徒への特別支援
│  ・取り出し授業
│  ・ティームティーチングによる学習支援
│  ・要支援児童生徒の共通理解による学習や生活支援
│  ・各種ガイダンス
└ 特別支援学級に属する児童生徒への特別支援
   ・通常学級との交流授業
   ・通常学級との交流，共同行事
   ・通常学級の教員による指導
   ・関係教員の共通理解による学習や生活支援
```

特別支援教育のイメージ

③ 特別支援教育校内委員会の設置

　次の役割を果たす組織として，特別支援教育校内委員会を設置した。
1)「学習支援相談票」が提出された児童生徒に対する支援のあり方の検討と判断
2) 当該児童生徒の個別指導計画および個別の教育支援計画の作成
3) 保護者との面談等に際しての学級担任や学年等に対する支援
4) 支援のあり方の決定までの，当該児童生徒に対する対応の仕方についての学級担任や学年等に対する助言および支援
5) 特別支援教育に関する校内研修会の実施

④ 校内委員会の構成

　校内委員会は，次のメンバーで構成した。

> 校長，副校長，特別支援教育コーディネーター，主幹，
> 養護教諭，スクールカウンセラー

　必要に応じて，当該学級担任とした。ただし，実際はこのメンバー全員が集まるのが難しい場合もあるので，機動的に対応するため，特別支援教育コーディネーターを中心に関係者3～4名程度の校内委員会の「小委員会」(仮称) を適宜開いた。

⑤ 特別支援教室の設置

　特別支援教育を実践するにあたり，特別支援教室（オアシス）を設置し，その体制確立と整備を次のように行った。
- 担当教員：教諭，講師，指導助手を中心にして行った。
- 教室：次ページの写真のように，学習室をパーテーションで区切られた個別の指導を行うエリアと，グループ指導を行うエリアを設定した。

- 教材：所属学年のものを基本としたが，児童生徒の実態に応じて適宜準備した。
- 個別指導計画を作成
- オアシス時間割の確定

個別指導用のブース

⑥ 具体的な指導はどのように進められたか

各担任から提出された個別状況票をもとに，特別支援を必要とする児童生徒を確認し，担任，学年，ブロック会等で検討された児童生徒をリストアップし，校内委員会で検討し，要支援児童生徒を抽出した。

抽出された児童生徒は，保護者との協議をした後，学習支援を中心にして具体的な指導を開始した。個別指導計画とともに指導した内容は毎回記録し，鍵のかかる保管庫にファイリングし，年間を通して継続的に指導した。

⑦ 特別支援学級と特別支援教育

本学園の特別支援学級は第7～9学年で設置されている。生徒の通常級との交流や共同の作業を重んじた指導を実践するとともに，積極的に通常級の教員も授業を担当し，できる限り教科担任制で行った。

具体的な交流活動については，ALT来校時の英語授業への参加，その他，各教科での参加可能な単元への参加，給食，運動会，文化祭，修学旅行，移動教室等，各種行事への参加を行った。

また，特別支援の必要な児童生徒への指導の場所としての機能を果たしている。

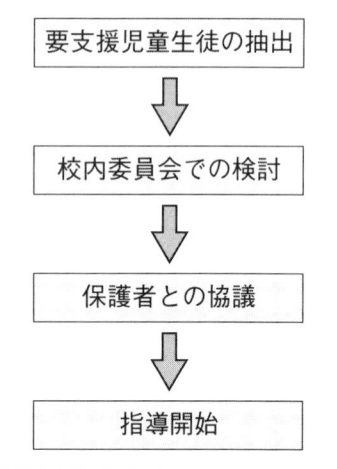

要支援児童生徒の抽出
↓
校内委員会での検討
↓
保護者との協議
↓
指導開始

⑧ 特別支援学級での実践例

基礎体力の向上を目指し，体力テストの種目であるシャトルランを体育の授業時に行っている。その実践を一例として報告する。

〈シャトルラン・特別支援学級組特別ルール〉
- 男子9人制バレーボールコートの両エンドラインにパイプ椅子をおき（19m），椅子にタッチする。（コートのラインを目安に椅子の準備ができるようにする。）
- スタートと終わりは椅子に座る。
- B君→音楽に合わせて走る。（規定通りのルール）
- A君，C君，D君，Eさん→なるべく音楽に合わせて行う。音楽に合わせて走れなくなった場合は，B君が走り終わるまで走り，回数を記録する。B君が終了したとき，終了とする。音楽についていけなくても数をかぞえる。

		1回目	2回目	3回目	4回目	5回目	6回目	7回目	8回目	9回目
8年生	A君	10	35	36	42	38	38	38	28	42
7年生	B君	35	44	46	48	50	52	54	54	65
	C君	欠席	39	36	36	欠席	46	52	46	見学
	D君	27	36	36	36	48	38	50	30	62
	Eさん	欠席	20	欠席	欠席	欠席	欠席	欠席	欠席	欠席

● 個々の状況・課題 ●

A君…はじめは，椅子と椅子の間を走ることが理解できなかった。4回めぐらいから，椅子と椅子の間を走るようになり，B君が終了するまでゆっくり走り続けるようになった。次の課題は，音楽に合わせて走ること，そして走った回数を数えること。

B君…体力を高めていくように，自分の記録を更新していくことが目標。

C君・D君…音楽についていける回数を増やしていく。（現在は20回程度）

Eさん…授業に参加し，椅子と椅子の間をできるだけたくさん往復することが目標。

⑨ 成果と課題

指導を行った結果，要支援児童生徒の情緒面での安定，要支援児童生徒に対する具体的支援策の確立，児童生徒・教員・保護者における特別支援教育に対する認識の向上，その他個別指導の種々の効果などが得られた。

その一方で，要支援児童生徒の抽出数と配置教員の人数のバランス，オアシス時間割と児童生徒が所属している通常時間割との整合性，取り出し指導に対する評価をどのようにするかなどの課題を得た。

10 教育相談

① カウンセラー2名体制

本区は平成18年度より全小学校に週1回の割合でスクールカウンセラーを配置している。担任の相談に応じ，児童生徒の指導についてアドバイスをしたり，実際に児童生徒の行動観察を行ったりして，個々の児童生徒が学校生活・集団生活への適応力を高められるよう

支援をしている。当初,保護者の相談はそう多くはなかったが,スクールカウンセラーの存在が周知されるに従って,抵抗なく相談に訪れる保護者も多くなってきている。

本校には,小学校籍のスクールカウンセラーに加え,平成6年度から東京都が配置している中学校籍のスクールカウンセラーも同じように週1回勤務しており,1校にスクールカウンセラーが2名体制で配置されていることになる。配置の際に中学校籍,小学校籍と分かれてはいるが,実際の運営においては,小学校担当,中学校担当には分けず,1年生から9年生までを二人のスクールカウンセラーが対応する体制をとっている。継続的な相談が必要なケースに対しては,基本的に同じスクールカウンセラーが対応するが,可能な限り情報の共有化を図り,共同的な対応をしている。また,本校は副校長が3人配置されていることもあり,個人の情報を守りながら,チームとして共同的な相談活動・支援をどのように進めていけるかを課題としている。

この約2年間の本校の保護者からの相談内容としては,不登校傾向の児童生徒の相談が多く,実際に保健室(カウンセリングルーム)で過ごしたいと希望する生徒に対する対応もしている。なお,本校内には,カウンセラーのためのカウンセリングルームと,その隣に面談室がある。

また,若手教員の増加という最近の学校現場の実情と,対応の難しい保護者が増えているという現状のなか,スクールカウンセラーのもう一つの役割が見えてきている。若手教員の相談役という役割である。指導に困難を感じる児童生徒のことや,保護者への対応などについて気軽に相談している教員が増えている。「一人で抱え込まない」ということが対応の基本であるが,スクールカウンセラーの存在が,職員間での子どもの問題をオープンにしているといえる。

1年生から9年生までの問題に対応していくということは,質の違う多種多様な問題に対応することである。その過程で発達段階の課題や育成の視点も見え始めている。一貫校としては,1年生から9年生まで,それぞれの発達段階において乗り越えるべき課題について,問題とその対応および結果,子どもの変容を伝えることで情報を発信していきたい。

② カウンセリングルームへの学年別来室者数

自ら相談に来る児童生徒数は6・7年生から増えている。1年生から4・5年生については,カウンセラーが一緒に給食を食べたり,廊下ですれ違ったときなどに話を聞いたりして様子を観察,把握している。各学年の相談件数から発達段階における不安や悩みの多さの違いが把握できる。グラフから1年生と9年生の保護者の相談件数

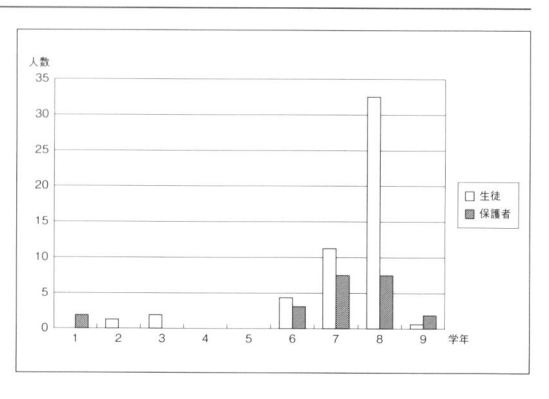

がほぼ同じことや7・8年で相談件数が増えていることなど，注目すべき点が見えてきている。相談内容と合わせて，今後，継続して実態把握や状況の把握を深めていきたいところである。

③ 相談種別の相談件数

不登校・登校渋りを主訴とする相談が，児童生徒，保護者，教員ともに多い。児童生徒の相談は，カウンセリングルームへの登校も含まれている。カウンセラーが様子を見ながら，自習をさせたり，必要に応じて心理的なアプローチをしたりするなど対応している。カウンセラーと養護教諭，担任が連携して支援し，解決できているケースも多い。カウンセラーを中心としながら校内全体での相談体制を確立し，適切に児童生徒や保護者の相談に応じ，問題の早期解決を目指したい。

平成19年度　相談種別相談数（2007.7.10現在）

相談種	児童生徒	保護者	教員
不登校・登校渋り	16	8	12
いじめ			
友人問題	13	1	12
問題行動			1
情緒不安定	6	5	7
性格・行動			
生活習慣			
身体・健康			
学習・進学			5
家庭・家族	2		6
虐待			
対教師			
塾・習い事			
自己理解			
子育て			
発達障害		10	11
カウンセリング方法			
学外との連携			
話相手	10		
その他			
合計	47	24	54

第4節　ステップアップ学習

1　なぜ，ステップアップ学習が必要なのか

めまぐるしく変化していく社会において，現在は学歴よりも人間性を重視するようになってきた。平成15年度に一部改訂された学習指導要領においても，「基礎的・基本的な内容を確実に身に付けさせる」とともに「自分で課題を見つけ，自ら学び，自ら考える，主体的に判断し，行動し，よりよく問題を解決する資質や能力」，つまり「問題解決能力」を培うことを重視している。そこで，発達段階を踏まえ，児童生徒の個性や能力に応じた

学習を進める必要がある。

　日野学園では，文部科学省の研究開発を受けた平成14年度から，児童生徒の基礎的な学力向上をねらうとともに，問題解決能力を身に付けるための学習形態を考えて，ステップアップ学習を実施している。

2　ステップアップ学習とは，どのような学習なのか

　必修教科の授業と比較すると，ステップアップ学習には，次のような特徴がある。

> ①教科の選択性を大幅に取り入れている。
> ②基礎・基本の学力を徹底して身に付けさせている。
> ③児童生徒の実態に合った学び方をさせている。
> ④個々の興味・関心に応じて段階的に学ぶ力を伸ばしている。

　平成15年度から，当時の第二日野小学校と日野中学校では，ステップアップ学習を開始した。その当初から，ステップアップ学習Ⅰを1～9年で，ステップアップ学習Ⅱを5～9年で，ステップアップ学習Ⅲを8・9年で行っていた。平成18年度からは，施設一体型の日野学園となり，5年から同じ内容・方法での授業になり，系統的に授業が進められるようになってきている。

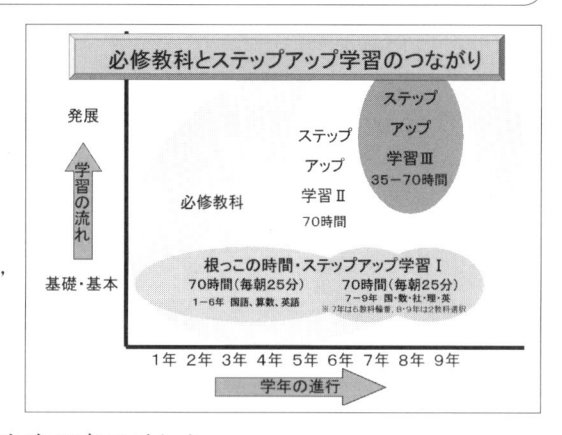

　平成18年度に開設した各教科の授業時数を次の表に示した。

平成18年度ステップアップ学習の授業時数（45分授業に換算）

学年	1年	2年	3年	4年	5年	6年	7年	8年	9年
Ⅰ（国語　算数　英語）	78	78	78	78	78	78			
Ⅰ（国語　社会　数学　理科　英語）							78	78	78
Ⅱ（国語　算数　英語）					35	35			
Ⅱ（音楽　図工）					35	35			
Ⅱ（国語　数学　社会　理科　英語）							35		
Ⅱ（音楽　美術　保健体育　技術家庭）							35		
Ⅱ・Ⅲ（国語　社会　数学　理科　英語）								35	
Ⅱ・Ⅲ（国語　社会　数学　理科　英語）								23	
Ⅱ・Ⅲ（音楽　美術　保健体育　技術家庭）								35	
Ⅱ・Ⅲ（国語　数学　社会　英語）									35
Ⅱ・Ⅲ（国語　数学　社会　英語）									35
Ⅱ・Ⅲ（音楽　美術　保健体育　技術家庭　理科）									70
合　計	78	78	78	78	148	148	148	171	218

児童生徒の学習状況や学力の定着の様子を見ながら，手探りの状態で授業を進めていくなかで，課題と感じられる点については改良・工夫を重ねている。

3 ステップアップ学習を，どのように進めているのか

ステップアップ学習Ⅰは，月曜日から木曜日の4日間，始業時に1単位25分で学年別に実施している。学年によって教科や履修形態が異なる。1～6年は，学級ごとに国語（月）・英語（火水）・算数（木）の3教科を学習する。7年からは教科数が増え，国語・社会・数学・理科・英語の5教科を週ごとのローテーションで，学級ごとに履修する。8・9年では教科選択制を導入し，国語・社

ステップアップ学習Ⅰ「根っ子の時間」の内容および形態

	内容	形態
1年	4種類 ・漢字 ・英語 ・作文 ・計算	学習内容選択制・学級制
2年		
3年		
4年		
5年	5教科 国社算理英	教科輪番制・学級制
6年		
7年	5教科 国社数理英	2教科選択制
8年		
9年		

会・数学・理科・英語の5教科の中から2教科を選択して年間を通じて履修する。いずれも，必修教科の授業との関連を図りながら，基礎的な学習の定着に努めている。なお，1～6年では「根っこの時間」という名称が第二日野小時代に定着している。ステップアップⅠの中でも，8・9年のみ，教科の選択ができ，教科輪番制から教科選択制への移行を図っている。すなわち，すべての教科をまんべんなく学び，基礎・基本を徹底する考え方から，児童生徒自身がもっと学習したい教科や興味のある教科を選ぶことで，その教科の時間を増やすことができるという考え方に立っている。

ステップアップ学習Ⅱは，全教科について，当該の教科目標の達成をねらいとし，児童生徒をキャリアアップさせるための学習を行っている。課題解決的な学習を行っているが，特に5教科では，各種検定での合格を目指して学習を進めている。なお，ステップアップ学習Ⅱでは，教科の選択ができる。

ステップアップ学習Ⅲは，全教科について，必修教科の授業やステップアップ学習Ⅰおよび Ⅱ との関連を図りながら，それらをさらに深化させた問題解決的な学習を行っている。なお，ステップアップ学習Ⅲでは，教科の選択ができる。

ステップアップ学習Ⅱ・Ⅲでは，学級数に応じて学年によって教科が異なる。この分け方には各教科の教員数も考慮に入れている。

5・6年は国語・社会・算数・理科・英語から2教科を選択し，音楽・図画工作・家庭・体育から1教科を選択する。

7年は国語・社会・数学・理科・英語から1教科を選択し，音楽・美術・保健体育・技術・家庭から1教科を選択する。

8年は国語・社会・数学・理科・英語から1教科を選択し，音楽・美術・保健体育・技術・家庭から1教科を選択する。

9年は国語・社会・数学・理科・英語から2教科を選択し，音楽・美術・保健体育・技術家庭から1教科を選択する。

ステップアップ学習Ⅱの組み合わせ

	A	B
5年	国社算理英	音楽　図画工作
6年		家庭　体育
7年	国社数理英	音美保体技家
8年	国社数理英	音美保体技家
9年	国社数理英（1時間×1枠）	音美保体技家（2時間×1枠）

4　1－4ブロックのステップアップ学習

1～4年では，始業時の25分間を「根っこの時間」として，7～9年のステップアップⅠの時間に設定している。教科は国語・算数・英語の3教科で，各学級で学級担任が指導をしている。

国語では文字・漢字の書き取りを中心として，平成18年度からは品川区の小中一貫教育で開発された「漢字ステージ」を中心に，1年は2文字，2年は3文字，3・4年は4文字ずつの学習を進めている。

算数では，計算や既習事項の復習といった内容を多く取り入れている。

英語は，授業で学習したことの復習を中心として，ビデオを見て単語の発音練習をしたり，topicごとの内容の確認を行ったりしている。

基礎・基本の力を確実に身に付けるように，教材を精選したり，学年ごとに児童生徒に必要な力を模索したりしながら，学年の系統性も考えながら内容を計画し，実施しているが，ステップアップ学習を始めてから児童の学習環境が整い，力も確実に付くようになってきたといえる。

右の表1は，文部科学省の研究開発を受けてから実施してきた学力テストの結果である。全校的に着実な力が付いてきていることがわかる。

また，現5年は，1年の時からステップアップ学習（根っこの時間）を続けてきた学年である。表2に示すように，少しずつではあるが，ステップアップ学習の成果として，基礎・基本の力が付いてきた。小中一貫校となった昨年度からの結果では，数値が今までと比べて大きく上がっている。ステップアップ学習Ⅰのシステムが確立できて，効果的に活用されていることの証と考えられる。

表1　1～6年生学力テスト結果

	全校学力平均
平成15年度	48.6
平成16年度	49.4
平成17年度	50.5
平成18年度	53.1
平成19年度	54.5

表2　児童の学力の推移（5月測定）

現5年生	国語	社会	算数	理科	平均
15年度	51.4	/	51.1	/	51.2
16年度	50.5	/	50.7	/	50.6
17年度	53	52.1	51.8	52.7	52.4
18年度	52.9	53.2	51.8	52.3	52.5
19年度	55.3	53.1	53.8	53.4	54.4

5　5－7ブロックのステップアップ学習

　5・6年のステップアップ学習Ⅰは学級担任が担当し，国語・算数・英語（週2回）を日替わりで実施している。7年については，国語・社会・数学・理科・英語の5教科を各教科担任が担当し，クラス単位で一週間交代をしている。主な内容は以下の通りである。

国語	漢字ステージを用いて，漢字の習得を図る。
算数／数学	計算中心のプリント学習。
社会	地理分野の問題について，ワークを用い，各自のペースで進める。
理科	6年生の問題をやりながら，弱点の克服を図るとともに，習熟度診断を行う。または，観察，実験に関する基礎操作のスキルアップの実習を行う。
英語	5・6年はアルファベットの習得を図る。7年は基礎を中心に教科書の内容を進めている。

　とかく慌ただしくなりがちな朝に，25分間の落ち着いた学習時間をもつことで，1時間めの授業への導入がスムーズになってきている。きちんと机に向かい，集中して基本的な課題に取り組むことは，児童生徒に望ましい学習習慣を身に付けさせるために大変有効である。

　ステップアップ学習Ⅱでは，各検定での合格を目指しての内容も設定している。各種検定を意識させたことで，検定の受験者数・合格者数が大幅にアップした。

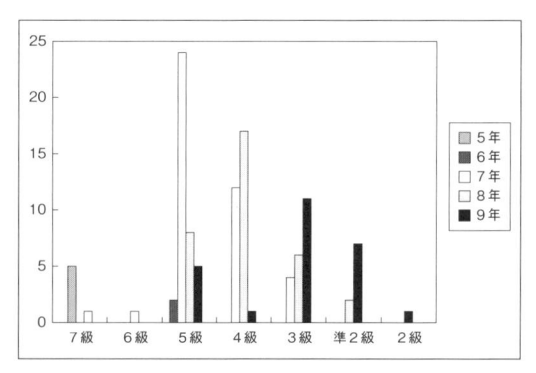

平成18年度漢字検定合格者数

●ステップアップ学習Ⅰ，理科の実践事例●

　7年のステップアップ学習Ⅰ必修理科の授業の進行に合わせて，以下の内容の授業を行っている。すべて理科室で行い，観察，実験，実習を含む内容である。

○ガスバーナーの操作
○顕微鏡の基本操作
○観察・実験器具の取り扱い
○グラフのかき方
○電流計・電圧計の使い方，回路図のかき方

実際に観察・実験器具を用いて授業を行い，基本操作のスキルの獲得をねらっている。顕微鏡の使い方，ガスバーナーの操作，計測器具の目盛りの読み取り，電子てんびんの使い方，グラフ作成，電流計・電圧計の使い方から回路図のかき方まで，観察・実験への安全配慮等，学習内容は多い。

それぞれのコースは，4回を一つのまとまりとして授業を組み立てている。また，自己評価に基づき，スキルの獲得が不十分な生徒に，昼休みや放課後に補充授業を実施する。

6 ● 8－9ブロックのステップアップ学習

8・9年のステップアップ学習は，Ⅰ～Ⅲまですべて教科選択制になる。

ステップアップ学習Ⅰにも教科選択制が導入され，国語・社会・数学・理科・英語の5教科の中から2教科を選択して年間を通じて履修する。必修教科の授業との関連を図りながら，基礎的な学習の定着に努めるのは7年までと同じである。

ステップアップ学習Ⅱの教師主導の問題解決的な学習を踏まえ，それをもとに発展させ，児童生徒主体の問題解決的な学習の段階をステップアップ学習Ⅲとしている。
問題解決的な学習を進めていくうえで重視した学習活動は，

・課題設定　・調べ活動　・話し合い活動　・まとめ活動　・発表活動

であり，担当者と履修する生徒との相談で授業内容をさまざまに設定している。

● 9年ステップアップ学習Ⅰ，理科の実践事例 ●

必修授業で取り扱った事物・現象について，科学的な用語や式等を用いて説明できたり，知的好奇心や探究心を持ち，進んで学習したりすることをねらいとしている。問題の反復練習など，基礎・基本の定着のために繰り返して行う。

市販の問題集を購入させている。1回の授業につき，少なくとも1ページ，目標としては2ページのペースで解く。自己採点で評価をする。

7年の内容の復習の段階から始めて，進度が速い生徒は8年，9年の内容に移行する。ただし，繰り返し，同じ学年を学習することもできる。

●8年ステップアップ学習Ⅱ，社会科の実践事例●

授業例［社会科・平成18年度8年ステップアップ学習Ⅱ］

学習項目	時	学習内容
オリエンテーション	1	品川区の社会科副教科書で学習内容を理解する。
課題設定	1	各時代を見通せるテーマ設定と設定理由を考える。
まとめ計画書の作成	1	テーマ設定用紙を用いて，全体計画を立案する。 ※個別ガイダンスでテーマと見通しを確認する。
調べ活動・まとめ活動	6	書籍やPCなどを活用して，レポート用紙にまとめる。 ※個別ガイダンスで内容と論点を確認する。
配布プリント・資料の作成	3	発表用のまとめプリントを作成し，プロジェクターに投影する資料の準備を行う。
発表会・相互評価	4	プリントや資料を使って，個人発表を行う。 相互評価を通して，内容を深める。
自己評価，今後の課題	1	9年での問題解決的な学習へつなげる。

工夫したところは以下の2点である。
- 品川区小中一貫教育の社会科カリキュラムに沿った問題解決的な学習を実施した。
- 発表会では，発表用のまとめ配布プリントで要点を整理させ，プロジェクターを使って資料の提示を行うことにより，発表能力の育成に努めた。

●8年ステップアップ学習Ⅱ，理科の実践事例●

今年度から新たな学習内容を導入した。学習内容は大きく三つに分かれる。
- 理科学検定3級合格に向けて学習を進め，キャリアアップを図る。
- 自作問題集を作成し，それを解くことを通して，理科に対する知識・理解を確実なものにする。
- 小学生（3・4年）の理科の授業に参加して実験実習の補助を行い，それを通して，科学的知識や表現力・コミュニケーション力を身に付ける。

●8年ステップアップ学習Ⅲ，理科の実践事例●

日常の科学的現象に目を向けたテーマの中から選択し，観察・実験を通して問題解決的な学習を行う。結果は学習成果発表会（文化祭等）で発表する。

選択した生徒集団の実態を考慮して，グループ学習または個別学習を行う。

授業例　[理科・平成18年度8年ステップアップ学習Ⅲ]

学習項目	時	学　習　内　容
オリエンテーション	1	学習進行表を用いて，全体計画を立案する。
課題設定	1	生徒の興味・関心に基づいて課題を設定する。書籍やインターネットを通して自由に調べられ，観察・実験を通して明らかにできるような課題になるようにする。
観察・実験計画作成	2	経済性や時間，校内でできるという空間的条件に気を付ける。
観察・実験実施①	3	観察・実験が可能になるよう諸条件を整備する。また，授業中に個別にガイダンスを行う。
中間報告・自己評価	1	全体に報告し合うことで，進めてきた学習の振り返りを行う。
観察・実験実施②	3	観察，実験が可能になるようにする。また，授業中に個別にガイダンスを行う。
報告書作成・提出	3	報告書は学習成果の発表として文化祭で展示する。
相互評価・自己評価	1	相互評価表，自己評価表を用いるだけでなく，「1枚ポートフォリオ」のワークシートを通して，学習によって明らかになったことを時系列で振り返る。
反省，今後の課題	1	後期の学習につなげる。ステップアップ学習Ⅲへ移行するかどうか，希望をとる。

　与えられた（選択した）課題を解決するグループ学習にするのか，領域の選択をはじめ，自分で課題を決めて探究する個別学習にするのかは，生徒集団の実態によって教師側で変えている。

7　ステップアップ学習を実施していくうえでの工夫

① 選択履修の時間の拡大（英語の例）

	1～4年	5・6年	7年	8年	9年
Ⅰ　※1	39時間 （25分×78時間）		14時間 （25分×28時間）	32時間 ※2 （25分×64時間）	
Ⅱ	－	35時間 ※2	35時間 ※2	35時間 ※2	35時間 ※2
Ⅲ	－	－	－	25時間 ※2	35時間 ※2
必修	35時間	35時間	106時間	120時間	126時間
合計	74時間	74－109時間	120－155時間	120－212時間	126－228時間

※1　ステップアップ学習Ⅰは1単位時間が25分
※2　選択した生徒が履修

ステップアップ学習では，教科の選択制を大幅に取り入れている。学年進行に応じて，その選択制の幅を広げている。

前ページの表は英語の例であるが，9年では必修のみなら126時間，最大の時間を選択すると228時間，英語を履修できることになる。

② 学習ガイダンスの実施と教科変更の方法

教科を選ぶ前に，それぞれの教科で学習する内容を知らせ，自分に合った教科や自分がやりたい学習内容の教科を選べるよう学習ガイダンスを行っている。また，やってみて，自分の希望した内容と違っていたり，自分に合わないと感じた場合は，前期終了時に教科担当教諭，担任とのガイダンスを行い，よく話し合ったうえで教科の変更もできるようにしている。

ステップアップ学習Ⅰ　教科変更の手順

【オリエンテーション】	学年ごとに全体でオリエンテーションを開き，変更の手順を明らかにしておく。
↓	
【学習ガイダンス1】	教科担任に変更を申し出て，変更申込書を受け取る。変更するかしないかを教科担任と相談する。
↓	
【学習ガイダンス2】	教科変更申込書に記入し，変更を希望する理由を記入の上，新たに希望する教科担任に変更申込書を提出する。ここで，再度学習ガイダンスを行う。
↓	
【変更の決定】	学級担任に変更申込書を提出し，教科の変更が決定する。 一人一人の目標や学習内容の確認を行う。
↓	
【教科の決定】	

③ 読書週間やスペリングコンテスト等の学習週間の開設

学期ごとに，朝のステップアップ学習の時間に読書週間を設定し，読書の習慣を身に付けるようにしている。また，スペリングコンテスト，計算コンテスト，漢字コンテストなど，ステップでの学習内容を反映できるコンテストを実施し，高得点者に賞を与えるなどして，やる気を高めるようにしている。児童生徒の得意分野の力を少しでも伸ばせるように，また，集中して一つのことを学習できるようにと各担当者が考えて，行事の中に組み込んだ。

第5節 小1からの英語科

1 コミュニケーション能力の育成

① 英語科の課題と育成目標

本校では，品川区小中一貫教育要領を受けて，目標を次のように設定した。

> 英語を通じて
> (1) 言語や文化に興味・関心をもたせるとともに理解を深める。
> (2) 積極的にコミュニケーションを図ろうとする態度の育成を図る。
> (3) 聞くことや話すことなどの実践的コミュニケーション能力の基礎を養う。

英語のコミュニケーションを通して，世界の言語，社会，文化への興味・関心を深めながら広い視野をはぐくむこと。また，人間教育・全人教育としてのイニシアティブ（だれに言われなくても自分で決定し，自分で行動する力）を9年間かけて系統的，段階的にはぐくんでいくことをねらいとしている。

また，教育課程のねらいを，4－3－2の各まとまりにおいて次のように設定した。

> ○1～4年　英語によるコミュニケーションに親しむ。
> ○5～7年　英語によるコミュニケーション力を身に付ける。
> ○8～9年　英語によるコミュニケーション力を活用する。

各学年の目標は以下の通りである。

1・2年	3・4年	5・6・7年	8・9年
ア　積極的に言語活動に取り組む。 イ　英語音に慣れ親しみ，聞き取る。 ウ　音声主体の言語活動を通して，ALTや友達と楽しく遊びながら，簡単な英語でのコミュニケーションに親しむ。	ア　積極的に言語活動に取り組む。 イ　話し手の意向などをおおむね理解する。 ウ　場面に応じて，簡単な英語を用いて自分の気持ちを表現する。 エ　音声主体の言語活動を通して，外国の言葉や生活に関心をもち，簡単な英語特有のコミュニケーションの仕方に親しむ。	ア　積極的に言語活動に取り組む。 イ　話し手の意向などをおおむね理解する。 ウ　場面に応じて，簡単な英語を用いて自分の思いを表現する。	ア　積極的に言語活動に取り組む。 イ　場面や状況に応じて，英語での伝達内容や情報を正しくかつ適切に理解する。 ウ　場面や状況に応じて，初歩的な英語を用いて自分の思いや考えを正しくかつ適切に表現する。 エ　音声主体の言語活動を通して，外国の生活や文化に対する理解を深め，初歩的な英語でのコミュニケーション力を活用する。

② 英語カリキュラムの実践

品川区では，1～6年は，"Teacher's Resource Book"を中心として，各学校の実態，各学校の特色，児童生徒の英語経験年数を考慮した年間指導計画を各校で作成している。本校は入学時から，週1時間以上英語学習を経験してきている児童がほとんどである。また，年々変わるクラスサイズに合わせた指導計画や指導内容を毎年作っていく必要がある。そこで，"Teacher's Resource Book"のトピックをアレンジしたものを取り入れつつ，本校独自のカリキュラムを毎年作成している。

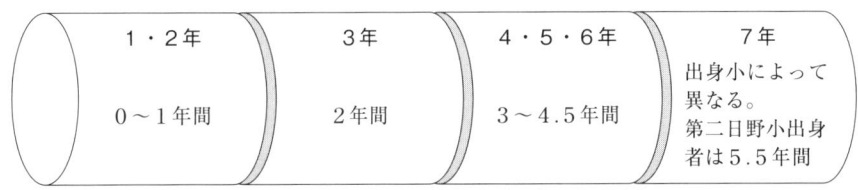

1・2年	3年	4・5・6年	7年
0～1年間	2年間	3～4.5年間	出身小によって異なる。第二日野小出身者は5.5年間

児童生徒の英語学習経験年数（平成19年現在）

③ 指導計画・実践における視点

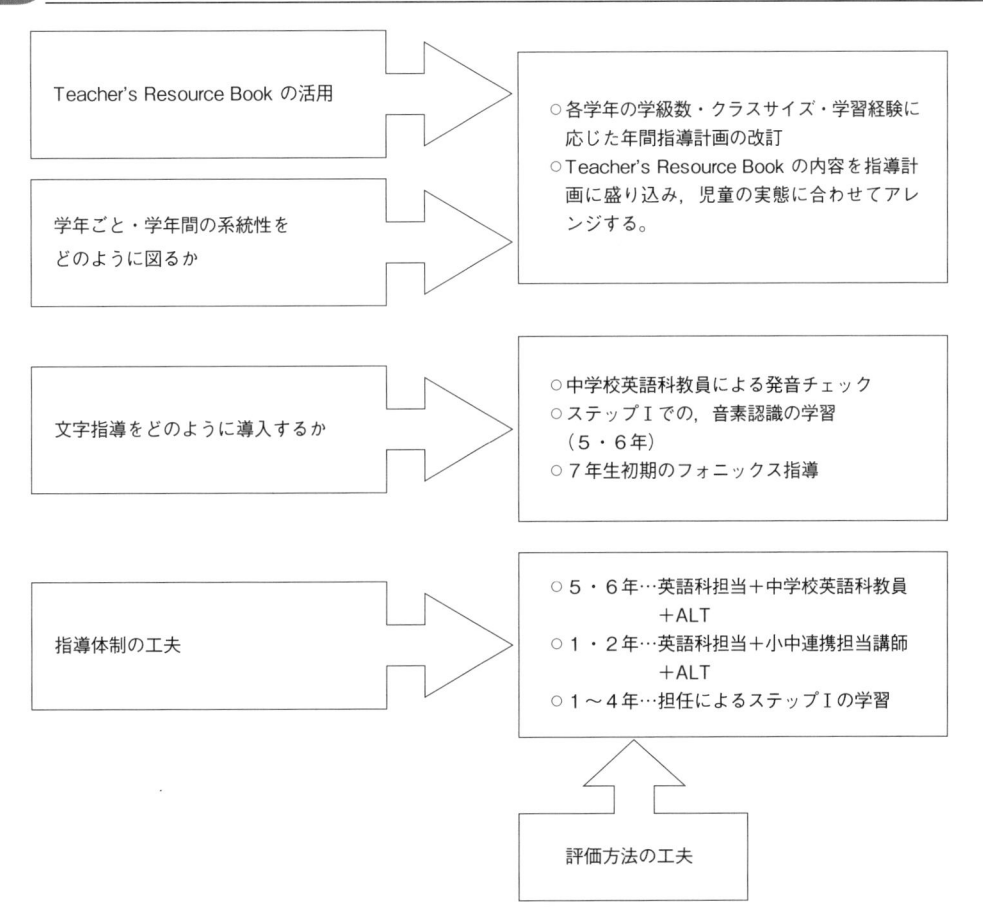

Teacher's Resource Book の活用	○各学年の学級数・クラスサイズ・学習経験に応じた年間指導計画の改訂 ○Teacher's Resource Book の内容を指導計画に盛り込み，児童の実態に合わせてアレンジする。
学年ごと・学年間の系統性をどのように図るか	
文字指導をどのように導入するか	○中学校英語科教員による発音チェック ○ステップⅠでの，音素認識の学習（5・6年） ○7年生初期のフォニックス指導
指導体制の工夫	○5・6年…英語科担当＋中学校英語科教員＋ALT ○1・2年…英語科担当＋小中連携担当講師＋ALT ○1～4年…担任によるステップⅠの学習

評価方法の工夫

2 ● 小中の連続的な指導

① ヒアリングの重視

1) 英語入門期は input を大切に

　語学の習得を考えるとき，低学年の子どもは話している言葉をすべて理解しているのではなく，その中で自分がわかる言葉を聞き取り，類推しながら自分なりに理解していることがわかる。テレビ番組を見たり，大人と話したりすることができるのは，その力によってである。そこで，英語入門期である1・2年では，生の英語をたくさん聞かせることを大切にしている。授業はできるだけ英語で行い，英語の歌やチャンツを多く取り入れている。また，TPR（Total Physical Response）を活動に多く取り入れている。

　絵本の読み聞かせも英語音の input には効果的であると考え，絵本教材の開発や指導内容の工夫に取り組んでいる。例えば，1・2年生では絵本の読み聞かせから発展させた Activity を行っている。3年生以上では，その時間の Topic に合わせた絵本を取り入れている。文は子どもたちにわかりやすい表現に直すこともあるが，絵が理解の助けになるので，多少難しい表現があっても，英語の五感を大切にするほうを優先させている。日本の絵本にもよいものがあるので，英訳して使っている。5・6年生では，Story Telling で，あるまとまった文章を聞かせ，何のお話だったか考えさせる活動などを行っている。児童生徒の年齢が上がってくるにつれ，正確に聞き取れないと理解できないと思いがちな子どももいるが，低学年からのこうした積み重ねで，自分が理解できる語や文から全体を類推できるようになった児童が増えていると感じている。

2) 1年からの英会話実践をもとに

　7年から9年では，こうした1年からの英会話実践をもとに，耳からの input を重視した授業を行っている。望月語彙サイズテストを7年生に対して実施したところ，その年の2学期最後には1000語もの受容語彙レベルに達した (注1)。また，7年からは，英語が耳から自然に入る状態（ヒアリング）に加え，自分で主体的に英語を聞く（リスニング）活動をさせている。この活動は8，9年が目標とする「場面や状況に応じて，英語での伝達内容や情報を正しくかつ適切に理解する」能力育成に役立つと考えられる (注2)。こうしたリスニング能力を高めるため，7年では週に1回 phonics（アルファベットの音と文字の関係のルール）学習を行っている (注3)。

注1：東京都品川区立第二日野小学校，日野中学校『平成17年度〜19年度文部科学省指定　研究開発実施報告書1年次』p.p.75-89，2005年参照
注2：オックスフォード辞典によると，ヒアリング（hearing）のヒア（hear）は，耳で音を受ける（perceive a sound with the ear）ことであり，リスニングのリッスン（listen）は音に対して注意を払う（give one's attention to a sound）こととされる。『The Concise Oxford Dictionary』参照
注3：フォニックス学習は英語の発音，読み，書きとともに，「英語の音を聞き分ける」土台づくりになるとされる。『Active Phonics』p. 1，誠心社，参照

② 英語環境の整備

　日野学園では，英語の学習室を二つもっている。一つは絨毯を敷いて児童生徒が自由に動き回れるようになっている部屋で，主に小学生が使っている。壁にポスターや地図，季節ごとのデコレーションをしたりしている。それらは，「さあ，英語をやるぞ！」という気持ちの転換を図るだけでなく，子どもたちにとって，クイズのヒントや活動の助けとなっている。また，もう一つは机・椅子があり，スマートボード等視聴覚教材が充実している部屋である。主に中学生が使っている。スマートボードは，DVDやコンピュータからの動画，静止画映像の投影，コメントや注意箇所の記入やマーキングなどができる。英会話練習のinteractionやActivityの説明等，視覚的・聴覚的学習，相互学習，発表など，さまざまな場で役立てている。また，DG BOOK Ⅱ が生徒一人につき1台ずつあり，生徒たちが個々に発音の確認や練習をすることに役立っている。

③ 英語科指導案の積み上げ

　英語科では，学年ごとの毎時間の指導案を作成してきた。そのことにより，①授業評価に役立てる，②毎年，活動内容を改善したり，単元構成を工夫したり，クラスサイズにあった活動に変更するなど，プランのレベルアップを図ることができる，③英語科担当者から担任への連絡となる。前時の指導内容の復習などを，朝，担任が行っているステップⅠの英語学習に役立てる，④ALTとの打ち合わせの時の指導内容の説明に役立てる，等ができた。

　小学校では，英語活動が広範囲にわたるため，7年に進級した時点で，生徒がどういったことを学習してきているか確認が困難であるが，このように学年ごとに毎時間作成してきた指導案

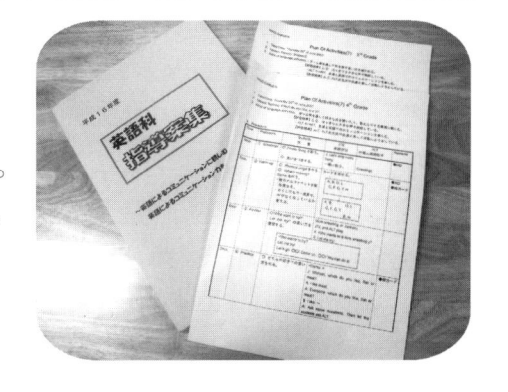

を閲覧することによって，本校から進級してきた生徒に関しては，これまでの学習内容を知ることができる。ただし，本校の7学年には，20校以上もの小学校から進学してくるので，到達度確認テストやアンケート（第2章5節7）を行って，7学年全生徒が受けてきた英語学習の把握に努めている。

④ 単元構成

　本校では，1〜6年までの英語の授業は，年間35時間である。その35時間に加え，週に2回の朝のステップの時間を加え，約70時間の英語学習を行っている。年間35時間の年間指導計画は，毎年改善を加えている。児童の英語学習経験年数により，内容に改善が必要な単元もあった。また，児童数の増加によるActivityのやり方の変更，多数の転入者による児童の学習経験のばらつきへの対応も必要となった。品川区の"Teacher's Resource Book"は扱う時期や順番を指定していないので，"Teacher's Resource Book"の単元と本校独自の単元を組み合わせて，本校の児童の実態に合った年間指導計画を作成している。1・2年生は，児童にとって身近な単語を中心に単元を考えている。3・4年生は単語の範囲を広げるとともに，フレーズを使って英語を話す，聞く活動を「易→難」の順に構成している。この「易→難」は，大人の考える文法上の難易ではなく，児童の身近な話題で，児童が興味をもって取り組めるものであれば，過去形でも未来形でも取り入れている。5・6年生は，児童が学習してよかったと感じる「役に立ちそう」「実際に使ってみたい」という単元や，4年生までの学習内容を発展させた活動を組み合わせて，「コミュニケーション力を身に付ける」初期段階を意識した単元を構成している。高学年になると，より実用的な表現や，より現実的な場面設定での活動を好むようになる。そこで，フリーマーケットを想定して，キーフレーズを用いて実際に近い品物のやり取りをしたりする授業を行うなど，実用的，現実的な活動計画をしている(注4)。7〜9年は文部科学省の中学校学習指導要領に基づいた単元構成となり，本格的に読む，書く活動に入るが，6年までと同様に，生徒の興味・関心に合わせて「易→難」の方向への授業構成を行っている。また，小学校での学習経験を生かし，例えば，数字の単元では，おもちゃのお金を用いたマーケットでのやり取りを展開するなど，6年生までの活動が生かされる段階的な学習，かつ興味・関心に沿った活動の展開を計画している。

注4：東京都品川区立第二日野小学校，日野中学校『平成17年度〜19年度文部科学省指定研究開発実施報告書2年次』p.92，2006年参照

⑤ 授業の構成

　1〜6年までは教科書がなく，Activity中心の学習となるため，①Greetings（あいさつ），②Warm-up（ウォームアップ），③Review（前時の復習），④Practice（本時のフレーズや単語の紹介・練習），⑤Activity（④を使った活動），⑥Greetings（あいさつ）

という構成で授業を行っている。各学習過程は，その単元内容や児童の理解度によって時間を調整したり，Activityの数を決めている。

また，この構成は固定化（パターン化）はせず，取り上げる内容によって，Practice ①→ Activity ①→ Practice ②→ Activity ②のように変化をさせることもある。7～9年は，前述したように，本格的に読む・書く活動に入るが，Activityも含めたテンポのよい授業展開で，1時間の授業で，聞く・話す・読む・書く活動の4領域にわたって活発な活動を行っている。

⑥ 毎回の自己評価

全学年において，毎回の自己評価をさせている。1～6年は，毎時間「ふりかえりカード」で，授業への取り組み方を自己評価している。「ふりかえりカード」は，①進んで話せたか，②話が聞けたか，③内容がわかったか，④友達と仲良く活動したかの4観点に3段階の評価をする欄と，楽しかったことや感想・希望等を自由記述する欄がある。低・中・高と3種類の児童に合わせた表現を用いたカードを使っている。

この「ふりかえりカード」により，児童一人一人の学習状況や授業内容の反省を行っている。7～9年は，書式は各英語科担当によって作成されるが，1～6年までと同様，学習・授業の反省，感想を記入できるようになっており，継続的な自己評価力を育成している。

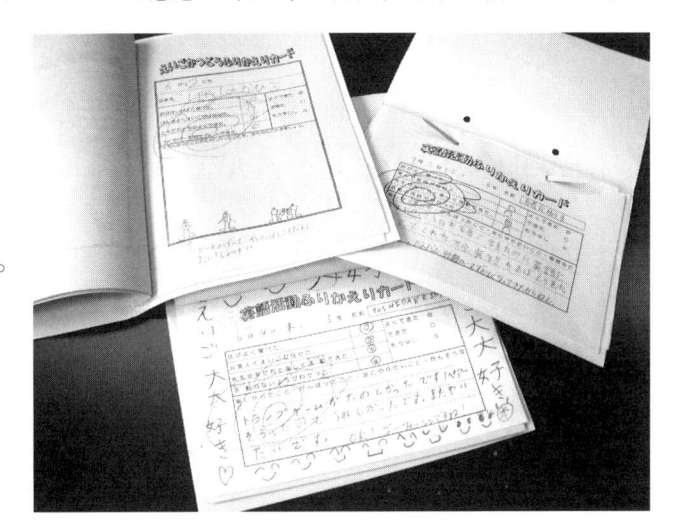

3　文字指導への過程

現在の英語教育においては，小学校段階では英語嫌いをつくらないために，「文字指導」には消極的な考えが多い。しかし，児童の発達段階や7年生以上の学年への系統性，スムーズな移行を考えると，文字を扱うことを避けて通るわけにはいかない。

そこで，「英語を身に付ける」段階の5，6年を中心に，それ以前の学年から徐々に文字に親しみ，遊びながら簡単な単語が読んだり書いたりできるような学習段階を考え，実践した。

1・2年
- 身の回りのものの言葉に親しむ。（聞く・話す）
- 絵カードに単語を併記し，目に触れさせておく。歌の歌詞も掲示する。
- アルファベットを使ったゲームを取り入れる。

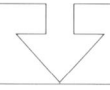

⇩

3年
- いろいろな言葉や簡単な文に親しむ。（聞く・話す）
- アルファベットの大文字を中心に，読んだり，並べ替えたりする。
- 身の回りにある英語の言葉集め等を行う。

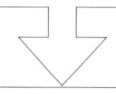

⇩

4年
- いろいろな言葉や文に親しむ。（聞く・話す）
- アルファベットの大文字・小文字を読んだり，並べ替えたりする。
- アルファベットの名前と音の関係を知る。（Phonics Jingle やビデオ）

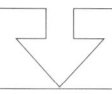

⇩

5・6年
- Phonics Jingle ・アルファベットの読み，並べ替え
- 単語の初めの文字に注目させて，単語の識別を行う。
- 既習の簡単な単語を読む。
- 25分×週2時間　Phonemic Awarenessの学習
- アルファベットの音・言葉集めの学習（毎時間10分程度）

⇩

7年
- Phonics（母音・子音の発音，ストレス，リズムを中心に）
- ペンマンシップ　　　・英単語ビンゴ
- フラッシュカード　　・内容読解　　　　　・音読指導
- 指書き→なぞり書き→写し書きの3ステップ英単語指導
- 自己表現活動

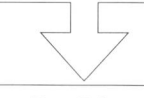

⇩

8・9年へ

① 文字指導へのつながり──5・6年の文字導入指導

●平成18年度の取り組み●

　本校では，朝の25分間をステップⅠとし，教科の基礎学習の時間としている。そのステップⅠの時間の中で，平成18年度は5・6年が合同で，週2回 Phonemic Awareness（音素認識）の学習を行った。これは，Phonics（アルファベットの音と文字の関係のルールを学習する）の前段階にあたるもので，遊びやゲームの中で無理なくアルファベットを習得することを目的としている。週2回のうち，1回は千葉大学のアレン玉井先生に指導を受け，もう1回は英語科担当が担任とともに，アレン先生と行った内容の復習やアルファベットを使っての Activity を行った。

〈目標〉アルファベットの徹底習得

〈主な学習内容〉

　1学期は大文字中心に，1学期の終わりから2学期に大文字に加えて小文字を学習した。特に小文字は，4年のローマ字の学習で苦手意識をもっている児童もいるので，導入は慎重に行った。大文字が完全にわかって，自信をつけてから学習した。

- ABC Song（順番に・逆に）
- ABC Chants（順番に・逆に）
- Making a word
- 簡単な単語を探す・書き写す
- Teacher says のゲーム
- Sit down / Stand up のゲーム（ex. N name…stand up monkey…sit down）
- ローマ字からの音素認識（ex. ba, bi, bu, be, bo）
- アルファベットを音素で言う。
- phoneme blending（ばらばらの音素を聞いて，単語を作る）
- phoneme segmentation（アルファベットを音素に分ける）
- story telling game（英語を聞いて，何の話か当てる）
- The Three Billy Goats の英語劇（耳からの音と文字を手がかりに，台本を読む。）

〈英語科担当・担任による学習の主な内容〉

- アルファベット伝言ゲーム（背中にアルファベットを書き，伝言していく。）
- 簡単な単語を組み合わせて作る。（いくつかのカードから，c-a-t, d-o-g 等）
- アルファベットカードゲーム……アルファベットのミニカードを使って，連続した三つの並びを作る。（a-b-c, r-s-t 等三つそろったら場に出す。）

- The Three Billy Goats の英語劇練習

〈アルファベットの音・言葉集めの学習〉

　5年, 6年は毎時間, 10分程度, アルファベットの音のチェック, その日取り上げるアルファベットの発音, そのアルファベットを使った言葉作りを一人一人チェックする時間を設け, 中学校英語科担当とALTが担当した。(R/r…発音, rabbit, rice, など一人一人が教員・ALTの前で言い, カードにチェックをもらう。)

● 平成19年度の取り組み ●

　平成19年度は, 5年はステップⅠの学習で, 英語科担当がPhonemic Awareness（音素認識）の学習を行っている。アレン玉井先生にも, 週1回20分見ていただいている。昨年度の学習内容に加え, ベネッセのEnglish Stadiumの教材で文字に親しむ活動を行っている。1学期は大文字中心, 1学期終わりから小文字を入れるという学習段階は昨年度とほぼ同様である。

　6年は, 昨年度のステップⅠの学習では系統的な学習が不十分だったという反省から, 週1回の45分授業を, アレン玉井先生と英語科担当のT.Tで行っている。ステップⅠは英語科担当が45分の授業の復習や調べ学習, English Stadiumの教材に取り組んでいる。

〈6年の主な学習内容（1学期）〉

- アルファベット並べ（小文字）
- rhymeによる単語作り　goat-boat-coat, day-May-tray, cat-hat-bat pig-big-dig, dog-log-frog, cake-bake-snake, witch-pitch-switch
- "Brown Bear Brown Bear What Do You See?" を使った活動…絵本を読む。"What do you eat?" "Where do you live?" を調べる等。
- Listening Game…TPRによるゲーム。指示された動作を行う, 単語を書く等。
- 知っている言葉や音を頼りに文を読む。

　アルファベット並べは, 大多数の児童が2分以内にバラバラのアルファベット（小文字）を並べることができた。小文字1字1字の認識ができていることがわかる。rhymeによる単語作りは, 最初のgoat-boat-coat, day-May-tray は丁寧に扱ったが, だんだん慣れてくると, cake-bake-snake, witch-pitch-switch といったフォニックスのルールが入ったものでも, すぐに単語作りができた。ゲームの中でこれらの単語を黒板に書かせることも行ったが, すべての児童が書くことができた。絵本や, "Teddy Bear" のプリント等も, 知っている言葉や音を頼りに, 何とか読もうとする意欲や態度, 完全ではないが読める力がついてきている。これは一朝一夕にできるようになったものではなく, 昨年度1年かけて, 徐々にアルファベットの文字と音に慣れ親しませていった成果であると実感している。1年から英語学習ができる利点を生かし, 5・6年生では「聞く」「話す」に加え, 楽しみながら「読む」「書く」活動を取り入れることができることがわかった。

② Phonics の指導──7年生の文字指導

●小学校英会話実践をもとに●

〈目標〉アルファベットの音読み・名前読みの徹底習得

〈主な学習内容〉

　文字指導の時間が少なくてすむようになった。ここで「音」から文字に変える作業に慣れるため，毎授業でフォニックスジングルを聞かせて，音読み・名前読みになじませるようにしている。

1) 音読み・名前読み……授業は"Active Phonics"（松香フォニックス研究所出版）の進度に従い，<u>1文字1音指導</u>から始める。この時，アルファベット1音の読みから単語全体の読みを判断させるために音読み・名前読みはよい判断材料になる。テキスト標記・掲示物などについては，音読みの特徴から色分けされたアルファベットを使用し（有声音＝緑色，母音＝赤色，無声音＝黄色），習得を進めていく。

2) 文字……指書き→なぞり書き→空中書きのステップを踏んで，文字の形を覚える。（向山型国語の漢字指導から応用）声に出して覚えることを基本に，①絵を見て単語を言える，②聞いた単語を文字にできる，ことを目標とする。"Active Phonics"では項目別に該当する単語が約25個ずつ掲載されているため，ルールの定義付けがわかりやすい。授業内では列対抗早読み，記入式ビンゴカードに活用し，書く指導につなげた。

〈成果〉

　正しい発音をスペリングに生かし，センテンスとして結びつけることができる。絵を見て，または音を聞いてスペリングできる能力を見につける文字指導により，生徒の単語テストでの得点も目に見えて向上し，学習意欲向上につなげることができた。これは，ひとえに音読み・名前読みの習得によるところであると実感している。また，習得当初に比較してALTに対する発言もスムーズに出てくるようになり，文字の持つ特性を楽しみながら感覚的に身に付けることにより，単語をつなげセンテンスを作ることも可能になるということがわかった。

〈今後の改善点〉

　小学生からの英語指導の成果を受けて，中学校英語の導入がよりスムーズになったのは事実である。一方で，出身校によって習得内容の進度に差があることも否めない事実だ。品川区内出身者のうち，一部ではアルファベットを学んだ程度の者，また一部ではフォニックスルールの「マジックE」（Active Phonicsでは Silent E）まで学習済みの者がいる。

　マジックEは，テキスト"Active Phonics"を入学と同時に学習を進めた場合に，2学期の最初に習う項目である。"Active Phonics"を使った授業は現在のところ，進度の都合上，テキスト終了時点が8年1学期終了時である。

　学習要領の移行期間であることを考慮に入れると，小学校英語習得の目標が全校共通で

「マジックE」になったとき，"Active Phonics"終了が7年終了時点に繰り上がる可能性があると思われる。

以上のことから，今後の研究において，小学校英語のさらなる指導改善に期待し，よりよい中学校英語習得の礎となるよう，いっそうの努力が望まれる。

4 ● ALT・ボランティアの活躍

品川区では，1～6年で，年間35時間（1・2年　20時間）の英語科学習の1/2強にALT（Assistant Language Teacher＝外国人指導助手）を配当している。本校では，1～6年のすべての授業にALTがつき，英語科担当と2名で授業を行っている。1年生の英語入門期から，Native Speakerによる生の英語音をできるだけたくさんinputすること，また，外国人と臆することなくコミュニケーションが取れるようになることを重視しているからである。ALTは，英語科担当者が作成する指導案で，ほぼオールイングリッシュによる授業を行っている。授業の前後に担当者とALTは打ち合わせを行い，その日の授業の展開の仕方や，次週の指導案の検討をしている。学級担任だと，なかなかALTとの打ち合わせの時間が取れないが，本校は英語科担当がいるため，細かな打ち合わせの時間確保が可能になっている。また，ALTは年間を通して同じ人が派遣されているので，子どもたちはALTに親しみをもち，休み時間なども気軽に話しかけたり，遊んだりしている。

7年生以上にも，6年生までと同じALTが派遣されている。ALTはReadingの模範だけでなく，会話やプレゼンテーション等を通して，生徒のコミュニケーション能力を高めている。英語科教員は，ALTが参加する授業が多くできるよう時間割の組み方等を工夫している。また，小学校の授業の後に中学校の授業打ち合わせを行う等，同一ALTが派遣されている利点を生かしている。ただし，現在までALTは毎年変わっているため，本校の英語学習のやり方や児童生徒への理解が深まってきたところで，また新たなALTと一からやり始めることになるのが悩みである。

本校では，ボランティアは保護者から募っている。前述したように，毎時間ALTが授業に入っているため，本校のボランティアは，Native Speakerの代わりというより，子どもたちがより多くの人や，さまざまな英語に慣れ親しむことを目的としている。また，保護者が参加することで，本校の英語科学習への理解を求めたり，保護者からの要望，意見を聞いたりすることもボランティアの目的の一つであると考えている。平成18年度は，保護者ボランティアに春と秋の2回，1・2年の授業に参加してもらった。英語圏での生活を経験した保護者，外国籍の保護者，また，子どもたちと英語での活動を楽しみたいという保護者が，多数授業に参加した。児童も"友達の父母"ということで，ALTとはまた違った親しみをもって楽しく活動した。

〈ボランティアの感想〉

- 「とても楽しい経験をさせていただき，感謝しています。ハロウィンの時だったこともあり，子どもたちも生き生きとしてよかったと思います。ほぼ全員が自分のセリフを覚えていたようでした。また，事前にしていただいた説明もわかりやすく，特に戸惑うこともなくできました。また機会がありましたら参加させていただきたいと思います。」

ハロウィン遊び

- 「時間配分もよく計画されていて，楽しい授業でした。子どもたちもゲーム等に楽しそうに参加していたと思います。外国人の先生がいる時に参加をしていないので，どれだけ子どもたちが英語圏の人の英語とかかわっているのかはわかりませんが，そのような機会がたくさんあるとよいと思います。参加できた機会に感謝します。」

授業での様子

- 「大滝先生，もう一人の先生，私で，1年3組の英語の授業を行いました。仕事柄（高校教諭），普段は高校生を相手に授業を行っているので，小さい生徒たちの真っすぐで元気一杯な様子に少々圧倒されながらも，大きな可能性，英語に対する興味，一生懸命さを感じ，とても関心しました。誰もが手をあげ，この次は私に，僕にと，競って学ぶ意欲，ゲームを取り入れた手法も子どもたちにはとても楽しかったようで，額に汗をかきながら英語を使って学習していました。現在は，外国人の先生と日本人の先生とで授業を行っているようですが，続けて欲しいと思います。正確な発音を小さなうちから身に付けることが望ましいと思います。Phonicsを身に付けさせるとよいのではないでしょうか。」

5 小学校担任による英語指導と教材

本校の1～4年生では，英語担当者による授業に加えて，朝のステップアップの時間（根っ子の時間）に担任による英語指導の時間を週2回（25分間）もち，英語に親しむ時間を増やした。週1回の英語担当者とALTによる授業の復習を中心に行うほか，"Teacher's Resourece Book" を活用してゲームを行ったり，歌やあいさつ（Here you are. Thank you. You're welcome. 等），数字やアルファベット，Pam and Ted 1行表現などを繰り返し指導している。

活動例①
　初めのあいさつをしたあと，今月の歌を歌う。DVD「えいごリアン」を視聴し，学習したフレーズやキーワードについて，絵カード等を用いて，おさらいする。または，ビンゴ等の簡単なアクティビティや英語の時間に行ったアクティビティを行う。

活動例②
　CD-ROM「Say Hello」（東京書籍）の使用も試みている。まず，"Change it!"を視聴し，言い方を確かめた後，ゲームを通してアクションをしながら確かめる。ネイティブの発音を聞かせることが難しいため，担任だけでも指導が可能という点で実践をしているところである。

絵カードで気持ちの言い方を確かめる

　また，1・2年生と5・6年生で，英語であいさつをしながら名刺交換をしたり，5・6年生が英語劇を披露したり，絵本の読み聞かせを行ったりと，学年間での交流も行っている。

2・5年生の名刺交換 　　　　　　　5・6年生による英語劇

〈小学校担任のアンケート〉
○担任だけで指導をする時に，どのような工夫をしていますか。
- 学年合同で授業を行うことで，複数の教員で対話の仕方やゲームのルールについてモデルを示せるようにしている。
- パペット人形を使ったり，教員が変装をしたりして，雰囲気を盛り上げられるようにしている。

- フルーツバスケットやビンゴゲームなどの簡単なゲームや，子どもたちの中ではやっている遊びなどを取り入れて，英語を使いながら楽しめるようにしている。
- シートベルト，チョコレートなど和製英語（カタカナ英語）と実際の英語との発音の違いを身近なもので学習する。
- 英語が話せる児童に見本となってもらい，まねをさせる。
- 自然に英語が使えるような活動の場所を提供する。
- あいさつや曜日，天気などを，繰り返し練習させることで定着を図る。
- 歌をたくさん取り入れる。歌の中で必ず動きも入れ，体で英語を学べるようにする。
- 映像を多く使い，耳と感覚で英語を学習できるようにする。
- 英語で使用した絵カードやゲームを繰り返し使用する。

絵カード　　　　ゲームボード

○ステップアップ英語を指導していて，困っていることは何ですか。
- 内容を授業の復習に位置付けているが，ステップアップ英語にALTがつくことができないので，授業との関連がなく指導が難しい。
- 英語指導の体験が不足しているので，指導の仕方に戸惑う。
- 活動をする際に，児童に対して使う指示表現（クラスルームイングリッシュ）がとっさに思い浮かばず，明確に指示することができない。
- 英語の授業のようにALTがいるわけではないので，視聴覚教材に頼らざるをえないところがある。
- 自分の英語力が不足しているため，勉強が必要であると思う。

6　小学生の英語検定

　1年生からの英語学習で，「果たして児童にどんな力がどの程度ついたのか？」は，日常のパフォーマンス評価（活動場面での個々の児童の取り組みの様子，態度，理解度等）や児童の自己評価（前述）で行ってきた。それに加えて，客観的なデータを取るために，平成18年度3学期に3～6年全児童を対象に児童英語検定を行った。また，同じく3学期にベネッセのGTEC（Global Test of English Communication）を6年生対象に行った。

① 児童英語検定（児童英検）

受験者　3～6年全児童101名（うち Bronze（初級）受験者94名，Silver（中級）受験者7名）

学年が上がるにつれ，平均点が上がっている。学習経験からすると妥当な結果である。目標得点が80点合格という検定であるので，ほぼ目標は達しているといえる。

5・6年で Step Ⅱ の英語の選択授業を履修している児童は，希望によって Silver の受験も可とした。7名の受験であったが，6名の児童は目標である80点以上を得点した。英語に対する興味・関心が高い児童であるので，当然の結果であるといえる。

問題別に Bronze の問題のデータを見ると，単語を答える問題は平均を下回っているが，会話の問題では平均を上回っている。児童英検に向けて特別な学習をしていなかったため，扱っていない単語もあったこと，会話は一つ一つの単語がわからなくても全体を聞いて類推する力があれば回答できることから，この結果が出たと考えられる。

Silver について，特に注目すべき結果は，文字に関する問題である。個人で特に英語を習っている等の児童がほとんどいないにもかかわらず，全問正答というのは，5・6年で文字導入の学習を行っている成果といえる。

Bronze（初級）	
全国平均	81点
3年平均	79.6点
4年平均	80.0点
5年平均	85.1点
6年平均	88.0点
Silver（中級）	
全国平均	78点
5・6年平均	86点

Bronze	全国	本校
単語の問題	78.7	73.7
会話の問題	82.5	83.2

Silver	全国	本校
単語の問題	71.6	67.4
会話の問題	92.0	100.0

② GTEC（Global Test of English Communication）

GTEC はベネッセが開発した英語聞き取り調査で，平成18年度から品川区の小学校で6年生に実施されることになった。6年生は15名と少なく，データとしては不十分であるが，この GTEC は7年生でも実施し，個人の記録を継続して見ていくことができることから，今後のデータの積み重ねが英語学習の成果と問題点を考えていく一つの材料となっていくと期待している。全国と比べると平均を少し上回る結果であったが，受験者の半数以上は高得点を取っていることがわかる。

英語検定は，全国的に英語学習・英語活動が広まるにつれて，ますます盛んになってくると思われる。ただ，「コミュニケーション力の育成」が英語科の目標であるので，ヒアリング中心のこれらのテストは，児童の能力のごく一部を測るにすぎないといえる。

また，英語学習で取り上げていない単語やフレーズの問題もある。得点のみで児童が一喜一憂したり，英語への苦手意識を持ったりしないよう，慎重に扱う必要を感じる。

	本校	全国
総合スコア	85.9	69.0
英語の言葉を聞いてわかる。	3.4	3.3
英語の音を区別できる。	3.8	3.9
英語の質問に対する答えがわかる。	3.9	2.7
英語の長めの話を聞いてわかる。	3.9	3.3

	4以上得点した児童（15名中）
英語の言葉を聞いてわかる。	7名
英語の音を区別できる。	10名
英語の質問に対する答えがわかる。	8名
英語の長めの話を聞いてわかる。	9名

7 DATA

〈調査方法〉アンケート調査（質問紙法） 〈対象〉日野学園7年（回答数 154）
〈調査日〉 平成18年7月

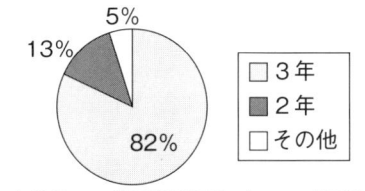

小学校での英語学習経験（95%が学習）
- 3年 82%
- 2年 13%
- その他 5%

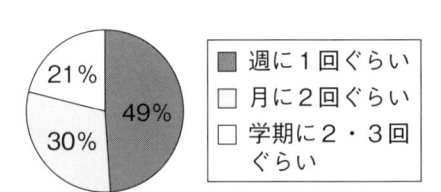

小学校での英語学習頻度
- 週に1回ぐらい 49%
- 月に2回ぐらい 30%
- 学期に2・3回ぐらい 21%

小学校での学習経験は3年間が最も多く82%，続いて2年間が13%という結果だった。合わせて95%の生徒が，取り組み方に差はあっても，英語学習を経験してきたことになる。これは，かなり高い数値といえよう。

週1回，月2回をあわせると79%の生徒が英語の学習をしてきたことになる。約8割が定期的に英語を学習してきたことがわかる。

小学校の英語活動でできるようになったことは，第1位が「友達や先生と英語で簡単な話ができた」，第2位が「単語を覚えた」で，「聞く」「話す」活動が中心の英語活動では当然の結果といえる。読む活動は基本的に行ってきていないはずなので，「単語が読めた」が3位なのは少し意外だったが，目に触れている間に自然に読めるようになったと考えられる。

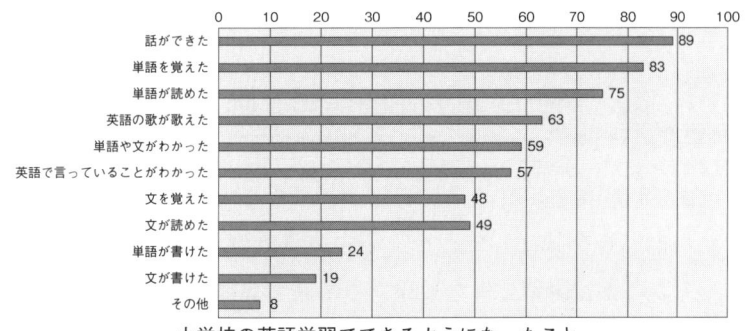

小学校の英語学習でできるようになったこと
- 話ができた 89
- 単語を覚えた 83
- 単語が読めた 75
- 英語の歌が歌えた 63
- 単語や文がわかった 59
- 英語で言っていることがわかった 57
- 文を覚えた 48
- 文が読めた 49
- 単語が書けた 24
- 文が書けた 19
- その他 8

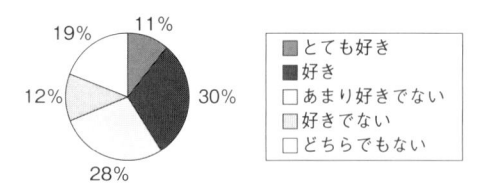

「小学校で行った英語活動が好きでしたか？」の質問では、「とても好き・好き」が41%、「あまり好きでない・好きでない」が40%という結果だった。「英語はともかく楽しく」と始まった英語活動だが、厳しい結果であると感じる。

「小学校での英語活動は、7年生になってからの学習に役に立っていると思いますか？」の問いに対しては、「役に立っている」がわずかに上回っていた。

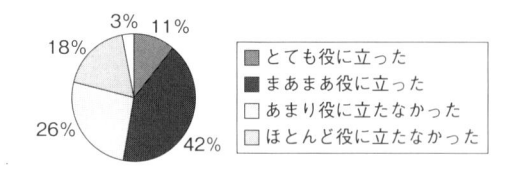

小学校での英語活動が役に立っていると答えた生徒に、どんなことが役に立っているか尋ねた。先述の「小学校の英語でできるようになったこと」と似て、「単語が読める」と答えた生徒が最も多かった。「英語の発音の仕方がわかる」というのも大切なことではないかと考える。

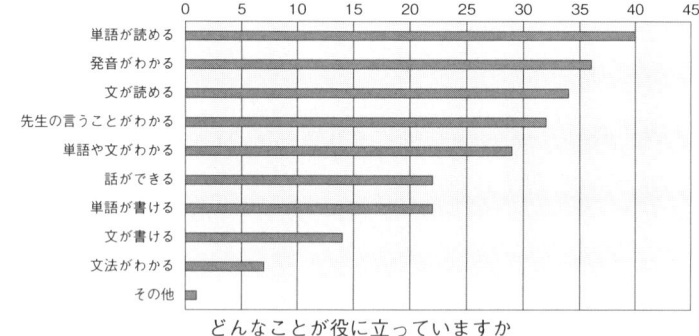

第6節　市民科の実践

1　日野学園の年間指導計画

平成18年度に市民科の全校実施がされるまで、第二日野小学校と日野中学校は平成15年度から市民科を試行してきた。小中一貫教育要領をもとにし、これまでの試行のなかで行ってきた単元開発を生かしながら年間指導計画が作成された。次ページの表はその一部である。

第6節 市民科の実践

学年	4月	5月	6月	7月
1年	○きもちのよい一日あいさつえお③自己管理 ○きもちのよいことばやりたいど②自己管理 ○学校へかようみち①生活適応 ○あそびにいくときまもること②生活適応	○一人になるとあぶないよ②生活適応 ○ほんとうにかじやじしんがおこったとき③生活適応 ○よいことわるいこと②道徳実践	○ものをたいせつに②社会的判断・行動 ○あいさつは げんきのもと④コミュニケーション ○わたしたちの大せんぱいからまなぼう③自己修養	○わたしたちの大せんぱいからまなぼう（6月〜） ○まいにちを きもちよくすごすために 　②責任遂行
2年	○きもちのよい一日あいさつえお③自己管理 ○きもちのよいことばやりたいど②自己管理 ○おへやの中はだいじょうぶ？③自己管理	○一人になるとあぶないよ②生活適応 ○きちんとさいごまで やりぬくって？③責任遂行 ○まいにちをきもちよくすごせるために③責任遂行	○わたしたちの大せんぱいからまなぼう③自己修養 ○みんな なかよく③集団適応 ○よいこと わるいこと②道徳実践	○きもちのよい一日あいさつえおⅡ①自己管理 ○あそびにいくとき まもること②生活適応
3年	○役わりや責任③自己管理 ○今、この瞬間は二度と戻ってこない③自己管理 ○みんなちがってみんないい②集団適応	○言いたいことはどんなこと④コミュニケーション ○心と心をつなげよう③自他理解 ○品川博士への道③文化活動	○どうしてルールを守らなくてはいけないの？②社会的判断・行動 ○いろいろな生き方に学ぼう②自己修養	○何を伝えたいの？③コミュニケーション ○規則正しい生活で心も体もいきいき③自己管理
4年	○去年とちがう自分になろう③責任遂行 ○一人はみんなのために みんなは一人のために②責任遂行 ○「ゴール」を思いうかべ、歩く「道のり」を決めよう③自治活動	○気持ちよく話そう③コミュニケーション ○「正しい行動」ってなんだろう？②自己管理 ○話し合ってかいけつしよう③集団適応	○一生けん命が美しい③生活適応 ○いろいろな生き方に学ぼう③自己修養	○学級会を開こう⑤自治活動 ○環境を守る③社会的役割遂行
5年	○学校のためにできること③責任遂行 ○いきいきクラブ活動①自治活動 ○友達っていいな④自他理解	○場に応じた行動のしかた⑤生活適応 ○五反田のまちのために⑤責任遂行	○えんの下の力持ち④責任遂行 ○学校ISO③責任遂行 ○「先人から学ぶ」偉人伝②自己修養	○飛び出せ林間⑨集団適応 ○地域をみつめてみよう②自治活動 ○1学期を振り返って①自己管理
6年	○学校における自治的活動①責任遂行 ○学校における自治的活動Ⅱ②自治活動 ○正しい判断力を身に付けよう④自己管理	○たがいのよさを尊重しよう④自他理解 ○学校行事の役割と責任⑩社会的役割遂行	○「先人から学ぶ」偉人伝⑥自己修養 ○情報についての正しい理解③生活適応	○差別や偏見をなくそう⑤道徳実践 ○生活管理1②自己管理
7年	○問題解決のための意思決定⑥集団適応 ○「私のCM」⑤自他理解	○行事への取り組み⑮社会的役割遂行 ○非行防止ーセーフティ教室④道徳実践	○「論語」から学ぶー自分の性格と仕事の適性②自己修養 ○先人から学ぶ・自分の好きな人物の生き方③自己修養	○身近な職業調べ⑦将来志向 ○1学期を振り返って①自己管理
8年	○互いを尊重した対応ー新しい学級の生活と学習⑥コミュニケーション 集団適応 ○私のCM③自他理解	○生活の中から学ぶこと④生活適応 ○社会における正義④道徳実践	○生き方の座標軸④自己修養 ○社会に必要な力は何だろうー職場体験⑧職業理解 将来志向（職場体験の事前準備 体験まとめは7月）	○上級学校体験に向けて④将来志向 ○14歳の夏休み②自己管理
9年	○信頼し合うということ②自他理解 ○社会マナーとルール⑤責任遂行 ○わたしたちの町の伝統文化⑤文化活動（心に残る修学旅行）	○相手を説得する話し方④コミュニケーション ○リーダーシップ④自治的活動	○学ぶということ・自己実現を図る生き方③自己修養 ○進路計画ー上級学校訪問に向けて⑨将来志向	○社会について関心をもつ③生活適応 ○夏休みの生活③自己管理

2　1〜9年の系統立てた単元構成

　小中一貫校は、9年間を通し、児童生徒の実態に応じて柔軟で系統性を意識した授業が展開できる。そこで、品川区の市民科カリキュラムをもとにして各領域の指導項目を整理し、系統性を持たせるようにした。以下の指導の内容は1〜9年での系統性を重視しているものである。

○学級開き（自己管理領域・人間関係形成領域）
○先人に学ぶ（文化創造領域・自己修養能力）
○文化祭（文化創造領域・企画表現能力）
○茶道体験（文化創造領域）
○キャリアを磨く（将来設計領域）

下表は，将来設計領域の指導項目系統表の一部である。網かけになっているものは，学年を超えて系統性を意識して指導を行うことが必要である。同じ将来設計領域でも，学年によって取り組む内容や活動は異なる。前学年までに何をどのように学習してきたのか，指導者が把握することでより一貫性のある指導が可能となる。

(1～9年系統表) 将来設計領域・将来志向能力

能力＼学年	1年(70時間)・2年(70時間)	3～4年(70時間)	5～7年(105時間)	8～9年(106時間)
将来志向	「自分の可能性に関すること」4 ○将来なりたい自分 ○成長の記録（自分の成長に気付く） ・自分の得意なことをもつ(自信) ・これから挑戦してみたいこと	「将来の夢や希望に関すること」4 ○自分の未来予想 （自己の夢や希望） ・将来に興味関心をもつことの大切さ ○仕事と学習のつながり ○自分の特徴と将来の仕事	「将来設計に関すること」12-8 ○なりたい職業に必要な知識・技能・資格 ○職業についての理解 （職業調べ、職場訪問、インタビュー） ○一流の人から学ぶ「自己実現」 （人生における挫折と苦悩そして努力）	「自己の進路選択に関すること」30 ・中2(8年生)ファイナンス・パークプログラム （生涯賃金と生活設計、収支の調整） ・自己の将来プランづくり（短期・中期・長期） ○これからの社会が求める資質と能力 ○進路の選択 （上級学校訪問・目的意識）

[1・2年]

> 明日に向かってジャンプ 　　将来の自分を

- 家庭の中における自分の役割（家族の一日，家事の種類）
- 家庭で自分ができること
- 正しいお金の使い方（欲求と必要の違い）
- 成長の記録（自分の成長に気付く）
- 将来なりたい自分

[3・4年]

> 未来の自分に向かって 　　見つめてみよう，
> ～夢に近づくために～ 　　わたしの仕事

- 学校や学級集団における役割と責任
- 学校ISO（節電，節水，ゴミの分別，リサイクルの理解）
- お金の利用（家計簿等）
- お小遣い帳
- 興味のある職業と自分の生活とのつながり
- 消費税など税の理解
- 自分の未来の予想（自己の夢や希望）
- 自分の特徴と将来の仕事

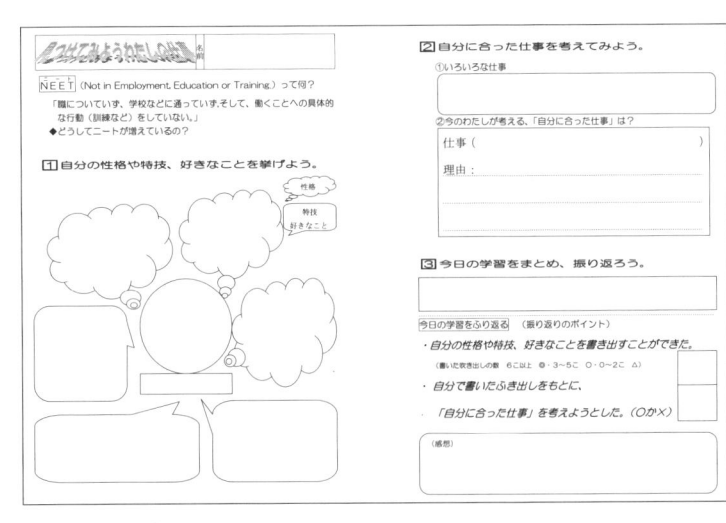

「見つけてみようわたしの仕事」
ワークシート

[5〜7年]

> 仕事って何？
> 働くってどういうこと？ > 仕事を成功させるために
> 必要な力？

- 学校行事における役割と責任の大切さ
- これからの地域社会へ貢献する意識
- 現在の消費における問題と原因
- 職業についての理解
    5年「スチューデントシティ・プログラム」
    7年「キャップスプログラム」
- なりたい職業について必要な知識・技能・資格
- 一流の人から「自己実現」について学ぶ

[8・9年]

> 自己の将来プランを作ってみよう

- 地域リーダーとしての役立つ行動・実践
- 職場での体験活動（職場観や勤労観）
- 金融の仕組みと働き（問題と危機，株式の理解）
    9年「ファイナンスパーク」
- 経済と雇用の関係

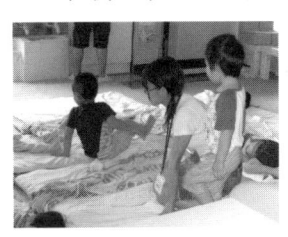

スチューデントシティなどと違い，実際の職場で職業体験をする8年生
左：保育所で園児に昼寝をさせる
右：書店で本の陳列，棚の清掃

3　市民科と授業研究・授業公開

　平成15年度以降，日野学園では毎年，市民科の授業公開を行うことで市民科の理解を深めてきた。共通した形式の指導案を作成することで，どの学年であっても市民科の授業の展開を確認できるようにし，機会があれば保護者や地域の方にも参観していただいている。

市民科学習　指導計画案（2年2組）（35）名

単元名	おへやの中はだいじょうぶ？		教科書NO	3
領域	自己管理領域	能力	自己管理能力	
実施月日	6月19日～　月　日	作成・指導者	橋本　真弓	
関連教科内容・行事				

I．児童・生徒に見られる実態と課題　「本単元のねらいと関連する児童生徒の実態調査結果と分析・考察による課題の記入」

実態（ねらいとの関連）
・休み時間に席を離れたときに，鉛筆や消しゴムを筆箱に入れない児童が5人ほどいる。
・配布物を連絡袋に入れず直接机の中にしまったり，持ち帰ったはずの手紙がまだ連絡袋の中に入っている。
・忘れ物をする子が特定されている。

実態から考えられる課題（背景や原因）
・物をしまう場所にしまう習慣が身に付いていない。
・子どもの整理整頓に関わっている親もいれば，連絡袋の中身に関心の低い親もいる。整理整頓できる力が一人一人に確実に身に付くよう，保護者の協力を得ることが課題である。

II．単元のねらい　「Iの課題解決のために，どのような具体的かつ実用的な技能・能力を身に付けさせるのかを記入」＝評価項目

ねらい
整理整頓の大切さや方法を理解し，身の回りのものの整理整頓ができる。

評価
・整理整頓の大切さや方法を理解できたか。
・身の回りのものの整理整頓をすることができたか。

重点：■主体性　□道徳性　□論理性　□創造性　□公共性　□実行性

III．学習の流れ　「ねらいに迫るための手立て（学習内容・方法など）について，要点のみ箇条書きで具体的に記入」

ステップ	具体的な学習視点	時	各ステップのねらい／ねらいに迫るための手立て
1 認知	課題発見・課題の把握 〈気付かせる・知識〉 日常生活との関連興味・関心 社会的課題の認識 自己の振り返り（自己診断）	1	筆箱や道具箱の中や写真を見て，整理整頓ができているか振り返る。 ・筆箱や道具箱，写真を見て，気が付いたこと（整理整頓ができている，いない）を発表させる。 ・発表されたようなことが自分にもなかったか，困ったことはなかったか思い出させる。 ・自分の整理整頓を手伝ってくれている人がいることに気付かせる。
2 情意	価値観・規範意識 〈考えさせる・教える〉 情報収集・真理の追求 行動・態度の価値づけ 判断・行動基準の明確化		整理整頓の大切さがわかる。 ・整理整頓をすると，使うときに困らないことに気付かせ，整理整頓するよさを理解させる。 ・自分のものの整理整頓は自分で行うことを教える。
3 技能	技能の習得・対処方法 〈身に付けさせる〉 具体的生活場面の設定 正しい行動様式 対処方法の理解と習得	3 （本時）	ロールプレイを通して，自分で整理整頓する方法を身に付ける。 ・物の大きさや使う回数などを考えて，整理整頓をさせる。 ・しまうべき場所にしまう活動を通して，自分で整理整頓しようとする態度を養う。
4 行動	日常実践・活用 〈活用させる〉 実践目標 計画・活動 自己点検		学校での活用場面 ・休み時間など，席を離れるときには鉛筆や消しゴムをしまう。 ・配布物は連絡袋に折りたたんで入れる。 家庭・地域社会での活用場面 ・ランドセルを所定の場所に置く。翌日の準備を前の日に行い，使わないものはしまう。
5 確認	評価・改善 〈目標を立てさせる〉 自己評価力の育成・向上 目標に対する達成度 認識・態度・行動の改善	1	日常的な実践を振り返り，整理整頓の大切さを感じ，続けようとする意欲をもつ。 ・整理整頓してよかったことを話し合い，整理整頓の大切さを確認する。 ・自分でできる範囲を広げていくこともできることを知らせ，整理整頓を続けていく計画を立てる。

指導計画作成上の留意点

- 実態を明らかにしたうえで，単元のねらいを設定する。
- 教科書単元であっても，補充資料を準備して児童生徒の理解を促す。
- 単元の終わりの振り返りを十分に行い，身に付いたことと，足りないことを確認する。

① 授業研究　実践の成果と課題

- 教科書を活用した授業を展開できた。また，実態に応じたワークシートの作成や，より適切な資料の収集など教材開発が多くできた。
- 自己評価力の育成に向けて自己評価カードの充実を図ることで，低学年でも自己評価が可能であり，能力が伸長していることがアンケートからわかった。
- 授業公開を多く行うことで教員の市民科への理解が深まると同時に，他教員の授業を参観することで板書や展開などに改善が見られた。
- 入学と同時に市民科を学習してきている9年生徒の感想から，市民科学習が児童生徒にも定着してきていることがわかった。

② 9年市民科授業の自己評価から

○自分で三つの柱（注：将来への目標）を立てると言われたことは面倒だったが，何が大切かわかった。

○この学習を通して自分の人生の価値観がよくわかった。（略）将来の役に立つ仕事に就きたいです。富と名声はいりません。それよりも大事なことがあると思うし，それが僕の人生の価値観だからです。

○学習しているうちに「本当にこういう経験ができたらいいな」とか，みんなの生き方を聞いて「その人らしいな」とか，いろいろ考えられて，いい経験ができたかなと思った。正直，市民科は面倒だけど，将来のことを考えたり，自分について考えたり，すごく難しくて，すごく役に立つことをやっているのかなと思った。

自分にとっての自己実現とは何か考えることができましたか。		
できた	できなかった	わからない
49人（92％）	4人（7％）	1人（1％）

　市民科の授業に関しては，保護者や地域の方の関心も高い。家庭や地域を巻き込んだ市民科の展開を今後も考えていきたい。

　また，品川区内外の学校からも公開授業を参観される方が多く，授業後の研修会では指導法や資料について毎回，熱心な質問が出される。

4 市民科と道徳，特別活動，総合的な学習

　市民科は，将来にわたり教養豊かで品格のある人間形成を目指し，児童生徒一人一人が自らのあり方や生き方を自覚し，生きる筋道を見付けながら自らの人生観を構築する基礎となる資質と能力を育成する教科である。

① 市民科と道徳

小学校学習指導要領「道徳」には，

> 第1　目標
> 　道徳教育の目標は，第1章総則の第1の2に示すところにより，学校の教育活動全体を通じて，道徳的な心情，判断力，実践意欲と態度などの道徳性を養うこととする。
> 　道徳の時間においては，以上の道徳教育の目標に基づき，各教科，特別活動及び総合的な学習の時間における道徳教育と密接な関連を図りながら，計画的，発展的な指導によってこれを補充，深化，統合し，道徳的価値の自覚を深め，道徳的実践力を育成するものとする。

とあり，この理念ならびに方針は，市民科においても基本原則としている。児童生徒の道徳性の向上が，市民科の目指す大きな目標の一つである。品川区小中一貫教育要領の内容の取り扱いのなかで，道徳との関連を，「人間尊重の精神と生命に対する畏敬の念を基盤とし，道徳的な心情を育て，道徳的判断・実践力を身に付けさせる。」と，道徳教育との密接な関連を示している。そのうえで，従来から指摘されてきた観念的で児童生徒に十分な道徳性を身に付けさせることができなかった指導に関する課題を，市民科は教師による適切な指導と体験・実践を通して克服しようとするものである。

② 市民科と特別活動

小学校学習指導要領「特別活動」には，

> 第1　目標
> 　望ましい集団活動を通して，心身の調和のとれた発達と個性の伸長を図るとともに，集団の一員としての自覚を深め，協力してよりよい生活を築こうとする自主的，実践的な態度を育てる。

とあり，この理念ならびに方針は，市民科のなかでも重要な観点である。しかし，これまでの特別活動の指導では，子どもたちの実態のなかで，いじめや不登校，社会性の不足などの問題に正対し，その解決のために積極的な役割を十分に果たしてきたとは言い切れない。同じような指導を無意味に繰り返したり，集団形成のはずが逆に児童生徒の集団離れを起こしたりしている実態もあった。そこで市民科では，特別活動が本来もっていたねら

いを「市民性」という視点からとらえ直し，子どもたちの自己形成を促し，「社会の中の個」として人間がどうあるべきかを具体的・実践的に教える根本的な学習に取り組んでいる。

特別活動の内容と市民科とのかかわりは，下記のように表すことができる。

市　民　科

┌───┐
│ 市民科学習　5領域・15能力   │
│ 第1学年〜第4学年：70単位時間　第5学年〜第9学年：105単位時間 │
└───┘
　　┌──────────────┐　　　┌──────────────┐
　　│児童・生徒会活動│　　　│小学校：児童会活動│
　　│   │　　　│中学校：生徒会活動│
　　└──────────────┘　　　└──────────────┘
┌───┐
│ 小学校：クラブ活動   │
└───┘
┌───┐
│ 学校行事   │
│ 　儀式的行事　学芸的行事　健康安全・体育的行事 │
│ 　小学校：遠足・集団宿泊的行事   │
│ 　中学校：旅行・集団宿泊的行事   │
│ 　勤労生産・奉仕的行事   │
└───┘

○児童生徒会活動

　学校の全児童生徒をもって組織する児童会・生徒会活動において，学校生活の充実や改善向上を図るために，協力して諸問題の解決を図るとともに，連絡調整に関するものや学校行事への協力，ボランティア活動などを行うこと。主として自治的活動領域ならびに文化創造領域との関連を図ること。

○クラブ活動（小学校のみ）

　学年や学級の所属を離れ，第4学年以上の児童で組織し，共通の興味・関心を追及する活動とすること。主として，異学年交流における人間関係形成領域との関連を図ること。

○学校行事

　小中一貫教育における学校行事のねらいは，各教科ならびに市民科学習などにおける日常の学習成果を発揮し，総合的に発展させることである。そのため，学校生活に秩序と変化を与え，集団への帰属感を深めながら，人間としての生き方の自覚を深めるとともに，規律・協同・責任などの集団行動における望ましい態度を養うことができる効果的な活動を行うこと。また，学校の特色づくりを推進するとともに，小・中学校が連携を図り，児童・生徒間交流ならびに合同実施など小中一貫教育の趣旨を生かした活動を工夫すること。

③ 市民科と総合的な学習

小学校学習指導要領「総則」には,「第3　総合的な学習の時間の取扱い」として,

> 2　総合的な学習の時間においては,次のようなねらいをもって指導を行うものとする。
> (1) 自ら課題を見付け,自ら学び,自ら考え,主体的に判断し,よりよく問題を解決する資質や能力を育てること。
> (2) 学び方やものの考え方を身に付け,問題の解決や探究活動に主体的,創造的に取り組む態度を育て,自己の生き方を考えることができるようにすること。
> (3) 各教科,道徳及び特別活動で身に付けた知識や技能等を相互に関連付け,学習や生活において生かし,それらが総合的に働くようにすること。

とあり,市民科,総合的な学習の時間どちらも,その目指すところは「自己の生き方」について学ぶという点で同様である。どちらも,課題解決能力の育成が共通のねらいとなっており,課題解決学習によって,自らの生き方(人生観)を構築する基礎となる資質・能力を身に付けさせるという点も共通している。

　総合的な学習の時間では,大まかなねらいや視点は示されているが,単元構成については教師の力量に任されているということがあり,一人一人の子どもへの指導の徹底が不確かになりがちである。しかし,市民科では,子ども自らが実態を理解し,そのための対処方法としてスキルを身に付け,日常実践を通して自分の成長を実感できるようにするという単元構成の基本形が明確に示されている。

④ 市民科の単元構成

　市民科の単元を構成していくうえでは,次の図のような1～6の流れを作っていくことが大切である。その中に,道徳・特別活動・総合的な学習でのねらいや内容を加味している。単元によって,主に道徳実践能力を身に付けさせたいものがあったり,自治的活動能力を重要に考えているものがあったりする。児童生徒の実態による問題発見・問題把握から単元を構成していくことが大切である。

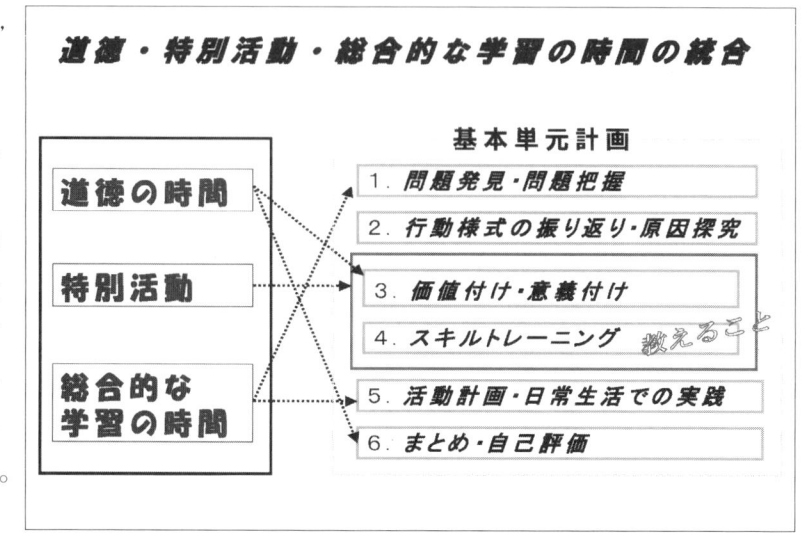

道徳・特別活動・総合的な学習の時間の統合

道徳の時間
特別活動
総合的な学習の時間

基本単元計画
1. 問題発見・問題把握
2. 行動様式の振り返り・原因探究
3. 価値付け・意義付け
4. スキルトレーニング　　教えること
5. 活動計画・日常生活での実践
6. まとめ・自己評価

5領域15能力の中から領域，能力を設定し，児童生徒の実態による問題発見・問題把握から単元を構成していくことが大切である。各学年の発達段階から，育てる資質と身に付ける能力を明確にし，場面設定や展開を考えていくことが重要である。

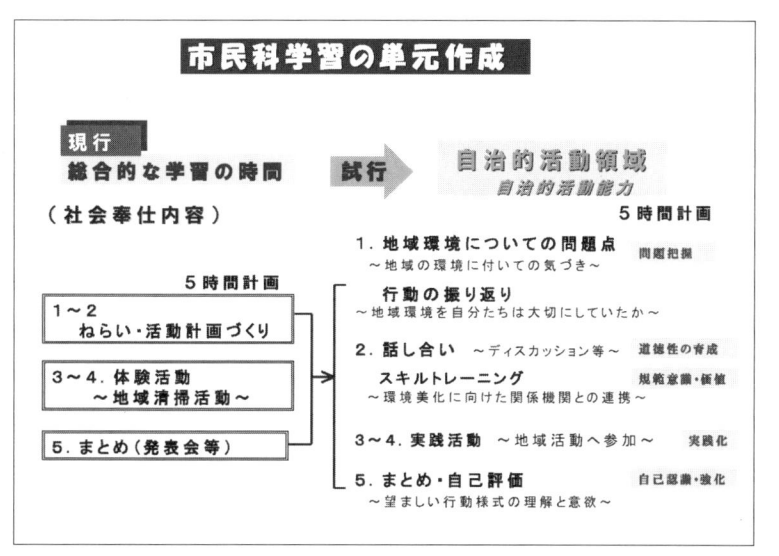

市民科学習の単元作成

現行：総合的な学習の時間（社会奉仕内容）　5時間計画
- 1～2　ねらい・活動計画づくり
- 3～4　体験活動 ～地域清掃活動～
- 5　まとめ（発表会等）

試行：自治的活動領域／自治的活動能力　5時間計画
1. 地域環境についての問題点 ～地域の環境に付いての気づき～　問題把握
   行動の振り返り ～地域環境を自分たちは大切にしていたか～
2. 話し合い ～ディスカッション等～　道徳性の育成
   スキルトレーニング ～環境美化に向けた関係機関との連携～　規範意識・価値
3～4. 実践活動 ～地域活動へ参加～　実践化
5. まとめ・自己評価 ～望ましい行動様式の理解と意欲～　自己認識・強化

5　市民科とキャリア教育

　キャリア教育において，そのキャリアの定義付けとキャリア教育の目指すものは，実に多様である。品川区では，文部科学省が平成16年にまとめた「キャリア教育の推進に関する総合的調査研究協力者会議報告書」を受け，キャリアを「個々人が生涯にわたって遂行する様々な立場や役割の連鎖及びその過程における自己と働くこととの関係付けや価値付けの累積」と位置付け，そうしたキャリアの発達を支援し，児童生徒一人一人がそれぞれにふさわしいキャリアを形成していくために必要な意欲・態度や能力を育成するため，市民科の中に取りいれている。

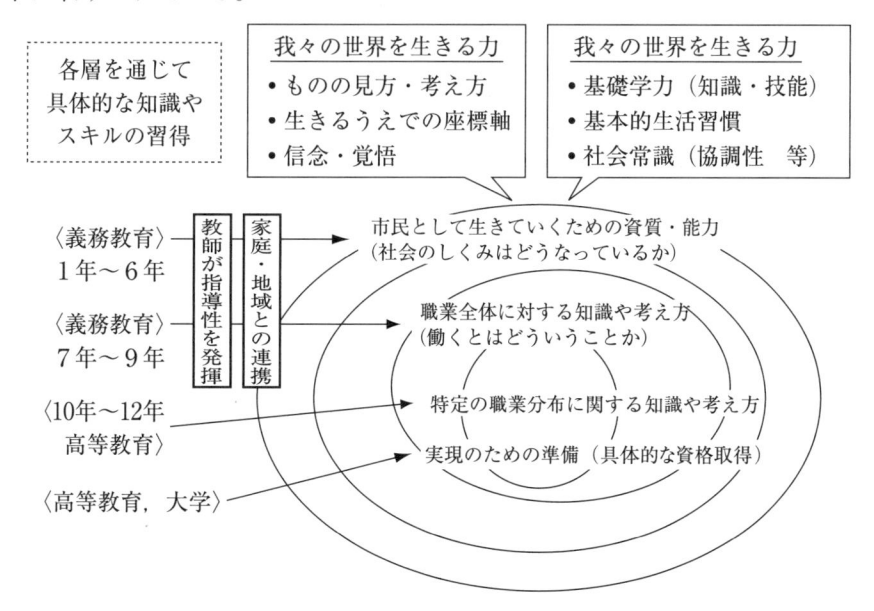

各層を通じて具体的な知識やスキルの習得

我々の世界を生きる力
- ものの見方・考え方
- 生きるうえでの座標軸
- 信念・覚悟

我々の世界を生きる力
- 基礎学力（知識・技能）
- 基本的生活習慣
- 社会常識（協調性　等）

〈義務教育〉1年～6年
〈義務教育〉7年～9年
〈10年～12年　高等教育〉
〈高等教育，大学〉

教師が指導性を発揮／家庭・地域との連携

- 市民として生きていくための資質・能力（社会のしくみはどうなっているか）
- 職業全体に対する知識や考え方（働くとはどういうことか）
- 特定の職業分布に関する知識や考え方
- 実現のための準備（具体的な資格取得）

本校では，1年から9年までの市民科の中で，進路指導部が中心となって学習プログラムを作成し，児童生徒の発達段階に応じた指導を行っている。5・6年ではスチューデントシティ，学校ISO，7年では職業調べ，事業所訪問，キャップスプログラム，8年では職場体験，上級学校訪問，9年では上級学校体験，ファイナンスパーク・プログラム等，さまざまな体験的な活動の実践により，心の職業選択能力および将来の職業人として必要な資質・関心の育成を図っている。

〈参考文献〉
- 亀井浩明・鹿嶋研之介『小中学校のキャリア教育実践プログラム』2006，ぎょうせい
- 品川区教育委員会『品川区小中一貫教育　市民科　指導の手引き』2006

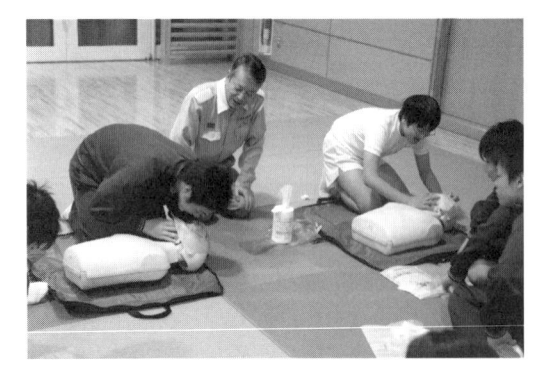

① スチューデントシティ

　スチューデントシティとは，実物に近い街と店舗を空き教室に再現し，児童が市民となって経済活動を体験する学習である。

　自由経済社会を生きる子どもたちが，さまざまな情報を自分の判断のもとで選択し，豊かな人生を歩んでいくために，社会の仕組みや経済のはたらき，お金や仕事についての正しい理解とともに，社会を支える「市民」としての責任や自覚が不可欠である。

　スチューデントシティとは，保護者や地域の人たちの参加・協力の下，子どもたちが社会の仕組みや経済のはたらきなど，実際に近い体験を通じて理解できるように作られた小さな街である。子どもたちは，自分が選んだ仕事を通じて会社の営業活動や会計処理な

どを行う一方，消費者にもなって計画的に買い物をし，立場の違う活動を同時に体験する。その体験活動を通して，社会を支える「市民」として人々がそれぞれの役割を分担し，お互いに支え合い，補い合う共存社会の中で成り立っていること，社会や経済の仕組み，税金や公的サービスの意味などを具体的に理解していく。

まず，「市民科」の授業で8時間の事前学習を行い，「人はなぜ生きていくことができるのか」ということから，「電子マネーの使い方」「帳票の記入の仕方」などの実際的な内容，接客や自分の仕事の具体的方法や手段，消費者としての望ましい姿勢などを学ぶ。その後，土曜日に，実際にスチューデントシティでの体験学習を行う。こうした学習の後，学校においての1時間の事後学習を行い，わかったことや疑問に思ったことなどについて話し合ってまとめていくという，全15時間にわたる「市民科」のプログラムである。

- 生きる力をはぐくむ学校教育の推進（豊かな社会性の育成）
- 生涯学習の基礎づくりとしての教育（社会の変化に対応した資質・能力の育成）
- 自分は今後，社会にどうかかわっていけばよいのかを考える場の設定

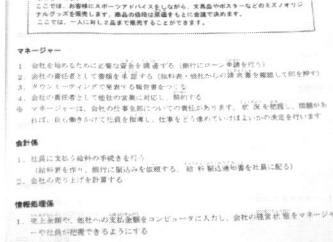

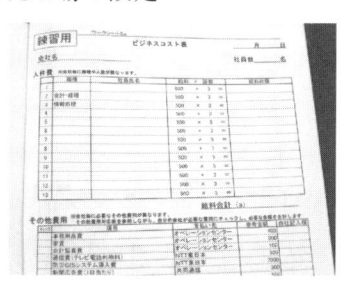

事前学習で使用するワークブック
（左）ワークブックを使って事前指導を行う。（中）会社で働くことを想定し，役職や担当を割り振られる。担当ごとに決まっている業務を行う。（右）銀行ローンなど，市民生活に必要な金銭教育を行う。

● スチューデントシティでの職業体験学習のようす ●

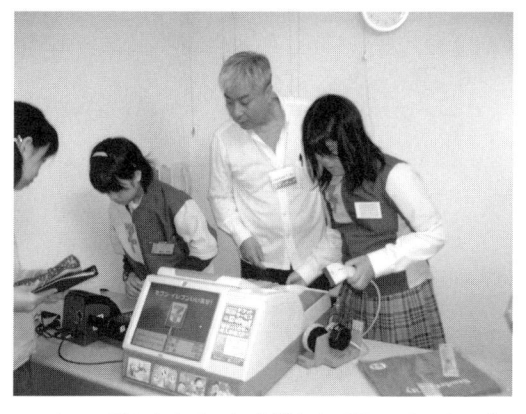

スチューデントシティに店舗として入っているセブン-イレブンでの販売，在庫確認の様子。お客さんは実際に電子マネーを使い，商品を購入する。

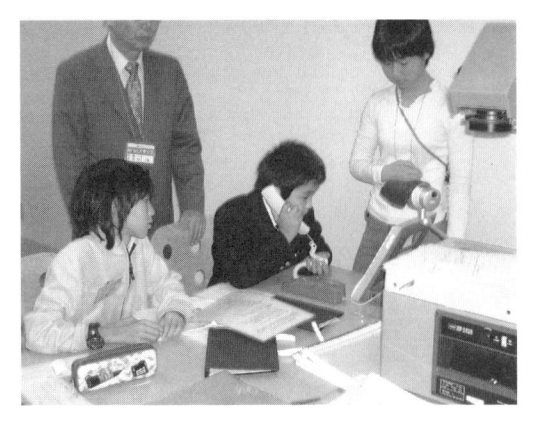

会社の運営は子どもたちが主体であるが，保護者や地域の方が，サイドマネージャーとして参加。社内会議の進め方や，途中で起こる業務上の問題点についてアドバイスを行う。

② 商店経営シミュレーションプログラム「CAPS」

1) CAPSのねらい

　　CAPSは，生徒がグループに分かれ，商店（帽子販売店）の経営体験を通して，意思決定力を育成するためのシミュレーションプログラムである。学級内で班ごとにチームを作り，帽子販売店を経営する。自分のチームの利益を上げるために，グループ内でディスカッションを行い，意思決定をしていくという学習の過程を重視している。この学習を通して，社会の仕組みや生きた経営現象を体験すると同時に，データに基づき分析する力や，お互いに意見を言い合い，まとめていく力を身に付けようとするものである。

　　また，この体験学習は，小学校5年生におけるスチューデントシティ，中学3年生におけるファイナンスパーク，職業調べ，職業体験などと関連させ，市民科学習の社会認識能力育成を目指すものである。

2) CAPSの単元構成（全5時）

（第1時）ガイダンス

- 流れの説明。
- 経営用語を理解する。（売り上げ，費用，利益の仕組み）
- ディスカッショントレーニングをする。
  （話し合いをするときのルール，帽子販売店名を考える）

（第2・3・4時）

- 資料配布（業界全体の動向，各チームの経営状況）
- ディスカッション（意思決定）

- パソコン入力
- 結果発表と解説

(第5時)
- 第4時までにやったことをもとに，最終意思決定
- 学習のまとめ（自己評価）

> 第2～5時の意思決定項目
> 2…帽子の価格・仕入れる箱の数
> 3…帽子の価格・仕入れる箱の数・宣伝広告費
> 4・5…帽子の価格・仕入れる箱の数・宣伝広告費・刺繍代

3) 生徒の感想
- 自分の店の売り上げを伸ばすために，帽子の値段や仕入れの数をどうするのか考えることができた。
- 帽子の値段を安くしたら，たくさん注文はくるけど，それだけだと売り上げがあまり上がらない。利益を出すのは難しいと思った。

4) 取り組みの成果
- 生徒は班の帽子会社の利益を上げるために，班で話し合いをしながら楽しみつつ活動することができた。また，活動を通して，会社が利益を上げるまでの仕組み（仕入れや広告費など販売にかかわる費用など）についても意欲的に考えることができた。
- 班で設定した値をパソコンに入力すると，結果がすぐにわかることで，1時間1時間の活動を途切らせずに行うことができた。

5) 取り組みの課題
- 生徒は楽しみながら取り組んでいたが，コンピュータ上の架空の会社経営であることや，価格が＄単位であることは，実際の会社経営をしているイメージはわきにくかった。

③ 生活設計体験学習「ファイナンスパーク」

　ファイナンスパークとは，自己の生活コストを試算する実践的活動を通して，家計管理，収支バランス，貯蓄などの消費社会における責任や義務など，社会の仕組みを理解する学習である。ここでは，情報分析，選択，資産運用などの消費者としての基本的技能を身に付けさせながら，子どもたち一人一人に経済行為の主体者としての自覚を高めさせ，進路選択や将来設計に役立つ資質や能力を育成する。市民科における「将来設計領域」の「将来志向能力」の育成に位置付けられる。

```
―――――――経済体験学習のプログラム系統図―――――――
    第5学年　スチューデントシティ　→社会の仕組みを知る
    第7学年　キャップス　　　　　　→社会の経営活動を理解する
    第9学年　ファイナンスパーク　　→社会の中で自分を確立する
```

　本来，ファイナンスパークは第8学年の市民科で学習することになっているが，本学園では，市民科の「将来設計領域」と社会科の経済学習とを連動させて取り組むために，第9学年で実施している。

　ファイナンスパークの単元は全15時間で構成される。
〈事前学習〉（8時間）
・経済についての基礎知識・消費生活の仕組み
・ファイナンスパークでの体験活動に関する知識と技能の学習
〈当日学習〉（6時間）
　　活動1　条件提示（指定された条件の中で，必要経費を算出しよう）
　　活動2　情報収集（各ブースに出かけ，生活品の情報を収集しよう）
　　活動3　生活費計画作成（情報をまとめ，収支計画を作成しよう）
　　活動4　最終意思決定（各ブースで支払いを完了し，収支を確認しよう）
〈事後学習〉（1時間）
　　資料整理，学習の振り返り（感想記入，感想交流）

以下は，当日の生徒の様子である。

〈まずは，説明を聞き，内容理解〉　　〈活動1〉　必要経費を算出

〈活動2〉　各ブースで情報集め　　〈活動2〉　先生や保護者もアドバイス

〈活動3〉 情報をもとに生活設計　　　　　〈活動4〉 支払い完了, あとは最終確認

学習後の成果と課題は, 以下の通りである。
- 学んだことを単なる知識の蓄積として終わらせるのではなく, その知識を, 体験学習を通して自分のものとすることができた。
- 自ら考え, 意思決定し, 行動に移すことにより, 問題解決能力をはぐくむ学習となった。
- 家計・金融・株式など社会科の経済学習を身近に感じ, 深めることに役立った。
- 事前学習では, 学級差が出ないように, 学級担任の共通理解を図ることが重要となる。

6 市民科と茶道

① 市民科における茶道の位置付け

　市民科では, 将来にわたり教養豊かで品格のある人間形成を目指している。なかでも3・4年生では, 基本的生活習慣や行動規範の確立, よりよい生活を築こうとする態度を身に付けることがねらいとなっている。「茶道の心」という単元で教科書にも掲載されている。指導項目は,「日本文化の礼儀作法を知る」である。市民科学習として位置付けられているのは, この3・4年であるが, 学芸的な行事として7年まで行うことができると, 品川区は各校に周知している。

② 日野学園の茶道

　品川区では3年生から茶道体験を行っているが, 日野学園では1年から行っている。その理由は二つある。
　一つは, 品川区の茶道カリキュラム作成までの経緯にある。平成18年度に市民科が全区展開される前, 茶道体験による児童生徒の資質・能力の向上を期待して3～9年まで, 茶道を必修としていく予定だった。しかし, 学習内容の精選や指導者確保の予算措置をするなか, 茶道体験を①に示すような位置付けにせざるを得なくなった。しかし, 日野学園では指導計画の見直しを行って茶道体験の時間を確保し, 指導ボランティアを集めることで実施することが可能となった。
　二つめには, 本校に備えられた立派な和室を有効利用した特色ある活動として, 低学年

から茶道体験を行うことになった。

なお，1・2年で行うのは一般的な抹茶による茶道ではなく，煎茶によるものである。本校では東阿部流を教えられる地域ボランティアに指導をお願いしている。煎茶茶道の茶器は抹茶のものと違い，とても小さく，低学年の子どもたちでも無理なく口に運ぶことができる。また，味は抹茶に比べ，一般的に日常生活で親しまれている。

3年からは，品川区から指導者が派遣される。

③ 茶道体験とその成果

3年からの茶道は他校でも実践されているので，ここでは平成18年度に1年で行ったことを取り上げたい。

市民科学習 指導計画案（1年）

単元名	茶道体験		教科書NO	
領域	文化創造領域	能力	文化活動能力	
実施月日	月 日 ～ 月 日	作成・指導者		
関連教科内容・行事				

Ⅰ．児童・生徒に見られる実態と課題　「本単元のねらいと関連する児童生徒の実態調査結果と分析・考察による課題の記入」

実態（ねらいとの関連）
・授業の始めと終わりのあいさつは号令として行っているだけで，心を込めて行っているようではない。
・「茶道」を知っている子は少ない。
・友達に言葉で気持ちを伝えることができる。

実態から考えられる課題（背景や原因）
・態度や姿勢が相手への真心を伝えるものであることを理解していない。
・茶道体験をしてことがない。体験者が少ない。
・礼儀作法があまり身に付いていない。

Ⅱ．単元のねらい　「Ⅰの課題解決のために，どのような具体的かつ実用的な技能・能力を身に付けさせるのかを記入」＝評価項目

ねらい　茶道体験を通して，礼儀作法は相手への真心を伝える方法であることを理解し，相手に真心をもって接する態度を養う。

評価
・茶道を通して真心をこめることの意味が理解できたか。
・「あいさつ」「簡単な受け答え」の大切さを感じ，実践したか。

重点
□主体性　■積極性
■適応性　□公徳性
□論理性　□実行性
□創造性

礼儀作法が身に付いていない。
⇩
身に付いたかどうかの自己評価

「茶道」を通し，礼儀正しくなれたと思う。（市民科アンケート平成18年12月実施より）

おもう	おもわない	わからない
87（78％）	22（19％）	3（3％）

初めての茶道体験。ゲストティーチャーの先生からは，足袋の代わりに白い靴下を履き，扇子と懐紙を持ってくるようにと言われ，その通りにしていくと，子どもたちは入室の仕方から，みっちりとご指導いただくことになった。途中，茶菓子を手に取るときに「お先に」と隣に声をかけてからいただくこと，お菓子には季節感があることなどを教わった。お茶をいただいたときには，「けっこうなおてまえで」と淹れてくれた人へ真心からの気

持ちを伝えることを体験できた。

　少ない体験で何が身に付けられるのか。それは，「礼儀正しくいる」ということを意識することではないだろうか。今後は，7年間を見通した系統性ある「日野学園茶道カリキュラム」の確立を目指したい。

7　市民科と評価

　市民科は，教科として位置付けられている。そのため，それぞれの単元で市民性がどのように育っているかを評価しなければならない。本校では，児童生徒の自己評価と教師・保護者の視点からの評価に基づいている。特に，児童生徒の自己評価は，授業終了時とその後の日常生活を振り返ることで，本当に市民科の学習内容が定着しているのか評価するようにした。

学習の流れ	各単元の授業(授業前) ⇨ 日常での取り組み ⇨ その単元の振り返り(授業後)
評価の手順	(教師) 毎授業ごとの評価 ⇨ 日常の様子での評価（保護者）⇨ 日常を振り返っての評価 ⇨ 評価 (児童生徒) 自己評価 ⇨ 授業・日常を振り返っての自己評価

【単元を通した評価の手順】

① 児童生徒の自己評価

　市民科では，授業の目標と自分自身を照らし合わせて，どれだけ自分が変わったか，どこまで自分ができているのかをわかることが大切である。しかし，「自分の行動を評価しよう」といっても，なかなか自分の行動を正確に評価できるものではなかった。そのため，自己評価力を育成するため「自己評価カード」を活用し，自己評価力の育成を図っていくこととした。また，どのような内容を学習したのかを意識できるように，カードの質問項目を授業に即して具体的なものとした。

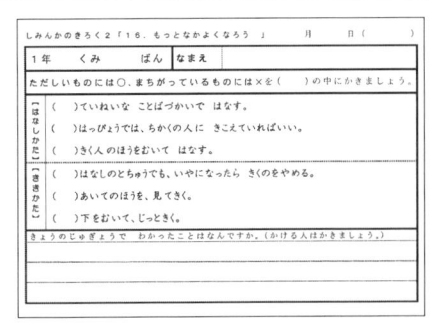

自己評価カード

② 教師の評価

　市民科は教科であるため，学習の様子を評価しなければならない。単元を1時間ごとに評価し，単元終了時に最終評価をするようにした。

〈単元内の評価〉

		児童生徒の評価	教師の評価	
単元	1時間の授業	自己評価	学習評価（評価の基準）	授業評価
	1時間の授業	自己評価	学習評価	授業評価
	1時間の授業	自己評価	学習評価	授業評価
	1時間の授業	自己評価	学習評価	授業評価
	単元実践のまとめ（児童生徒の評価と教師の評価をまとめる）単元の評価			市民科単元実践のまとめ

また，単元だけでなく，1時間ごとに評価の基準を設定した。教師側が，その授業の中で身に付けさせたいことや達成させたいことを明確にすることで具体的に評価できるようにした。その授業で，必ず身に付けさせたいことや達成させたいことをBとし，それ以上をA，それに満たないものをCとしている。

指導案（B評価を表したもの）

③ 今後の授業に生かすために

本校では，単元が終わるごとに「市民科単元実践のまとめ」を行っている。単元全体を振り返り，授業の内容・教材の活用・指導方法などの成果や課題を出し，今後の市民科の実践に生かせるようにしている。

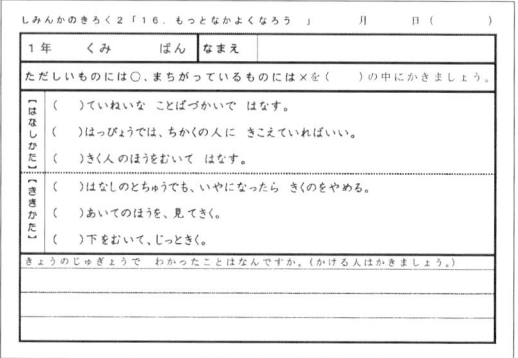

自己評価カード

第7節 水泳鍛錬

1 温水プールの利用

　本校は，児童生徒の体力向上を目標の一つに掲げ，特に泳力の向上を目指して指導を行っている。平成18年度に新校舎が完成し，本校の温水プールでの水泳指導が始まった。このプールは区民にも開放しているが，年度当初に本校の水泳指導の計画を示し，優先的にプールを使用することが可能である。平成18年度においては，1～4年の各学年は年間を通じて8～10回程度の指導時間を確保した。平成19年度は，さらなる泳力の向上を目指すため，指導期間を5月8日（火）～3月18日（火）に設定し，1～4年生は，年間を通して各学年とも合計17回の水泳指導を行っている。室内の温水プールであるため，天候により実施が左右されることもなく，また，年間を通じて同じ気温，水温（ともにほぼ30度に保たれている）で指導ができるため，計画の変更も少なく，児童の体調管理にも役立っている。

平成19年度　水泳指導日

1年生 （年間17回）	（1学期）5／15, 5／25, 6／1, 7／5
	（2学期）9／14, 9／20, 10／5, 10／16, 11／13, 11／27, 12／7
	（3学期）1／11, 1／22, 2／1, 2／15, 3／4, 3／18
2年生 （年間17回）	（1学期）5／11, 5／22, 6／5, 7／4
	（2学期）9／12, 9／19, 10／2, 10／12, 11／6, 11／16, 12／4, 12／18
	（3学期）1／18, 1／29, 2／8, 2／22, 3／7
3・4年生 （年間17回）	（1学期）5／8, 5／18, 6／4, 7／6
	（2学期）9／13, 9／21, 10／9, 10／19, 10／30, 11／2, 11／20, 12／14
	（3学期）1／15, 1／25, 2／5, 2／19, 3／11
5～9年生	6／14～7／19

　1～4年の水泳指導は，2時間（45分×2, 90分）の扱いとなっている。

　年度当初に示されているプール使用計画に基づき，水泳指導員と事前の打ち合わせを行い，開始時刻などを決定し，指導を進めている。

2 低学年の水泳指導

① 指導体制

1年生3クラス　（112名）　水泳指導員2名　教員5名　計7名
2年生3クラス　（100名）　水泳指導員2名　教員4名　計6名
3・4年生　　　（80名）　水泳指導員2名　教員4名　計6名

水泳指導員は，品川区総合体育館で水泳指導をしている指導者資格をもっている方である。特に技術的な部分での指導にあたっている。入水までの安全指導（人員確認など）や準備運動，終了後の整理運動などについては教員が行っている。

② 施設

温水プールを利用していることは先に述べたが，児童の体格に合わせてプールの床を上下し，水位を変えることができる。水位は，1cm単位での設定が可能である。操作室で簡単に操作でき，時間でいえば1～2分で設定したい水位に変更できるため，当日の指導内容や，子どもの様子に合わせて対応することができる。また，同じ学年でも，技能の上達具合に合わせて，学期中でも水位を変えて指導を行うなど，柔軟な対応をすることが可能である。

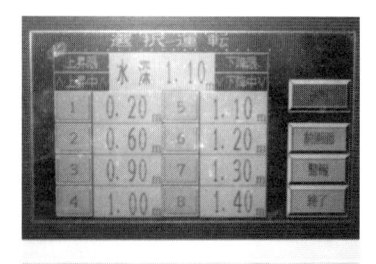

左の写真は，プールの水深を調節する操作盤の画面である。あらかじめ設定された水深のほか，必要に応じて水深を設定することができる。

1年…………90cm
2年…………95cm
3・4年……110cm～115cm

3 児童の感想

温水プールを使用し，年間を通じた水泳指導を経験している児童は，どのように感じているのか，感想を聞いてみた。

- 温水プールなので，冬でも泳げるからよい。
- 1年を通して水泳があるので，だんだん長く泳げるようになったり，うまくなったりしているのが自分でわかるからうれしい。
- 深くないから，こわくない。
- たくさんプールに入れるから，だんだん水にも慣れてきた。
- 広いプールなので，泳ぎきれたらうれしい。
- いろいろな泳ぎ方を教えてもらえるから，水泳の時間が楽しみです。

4 児童の泳力の変化

左に示したのは，本校の「泳力検定カード」である。4年間を通じて使用し，自分の泳力を確認することができる。

各学年の実態に応じて到達目標を設定し，指導にあたっていく。今年度の各学年の指導目標は以下の通りである。

〈第1学年〉
◎水の楽しさを知り，水の中でいろいろな運動ができるようになる。

〈第2学年〉
◎水の楽しさを知り，水の中でいろいろな運動ができるように水の特性を知る。

〈第3学年〉
◎水の楽しさを知り，水の中でいろいろな運動ができるよう水の特性を知り，体の正しい姿勢と使い方を知る。

〈平成18年度　児童の泳力（日野学園検定基準による）と平成19年度の到達目標〉

学年	到達した級と児童数に占める割合	今年度（平成19年度）の到達目標
1年	6級～7級…約67%	・面かぶりクロールで13mを泳ぐ。 ・おおむね5級
2年	5級～6級…約53%	・クロールで15～25mを泳ぐ。 ・おおむね3～4級
3年	4級～6級…約70%	・クロールで25mを泳ぐ。 ・平泳ぎの手の動作の習得。 ・おおむね3～4級
4年	1級～4級…約54%	・平泳ぎの習得 ・おおむね1級

※検定実施時期は，平成18年11月～12月

　昨年度の児童の泳力の実態を踏まえ，今年度の到達目標を設定した。各学年ともに実施回数が増えたこともあり，昨年度よりも高い目標設定とした。各学年の技能面での目標は下の表に示した通りであるが，各学年とも昨年度の実績よりも1～2程度，上の級を目標とした。特に，3年生では，従来目標に含めていなかった平泳ぎの手の動作を新たな目標として設定した。

〈各学年の技能面での目標〉

学　　年	目　　　標
1年	・水なれ　・伏し浮き　・けのび　・面かぶりキック　・面かぶりクロール ・背浮き　・板背浮きキック
2年	・水なれ　・伏し浮き　・けのび　・面かぶりキック　・面かぶりクロール ・背浮き　・板背浮きキック　・**背面キック**　・**クロール**
3年	・水なれ　・伏し浮き　・けのび　・面かぶりキック　・面かぶりクロール ・背浮き　・板背浮きキック　・背面キック　・クロール　・**平泳ぎの手の動作**
4年	・水なれ　・伏し浮き　・けのび　・面かぶりキック　・面かぶりクロール ・背浮き　・板背浮きキック　・背面キック　・クロール　・**背泳ぎ**　・**平泳ぎ**

※表中の太字の項目は，その学年で新たに目標として加わるものを示している。

第8節　学区域の小学校との連携

1　4校生活指導連絡会での研究

　現在，品川区の小学校と中学校の生活指導主任が定期的に集まり，ブロックごとに分かれて研修および情報交換を行っている。そこでは，小中一貫した生活指導をテーマに，お

互いのよい点，課題等を出し合い，具体的な共通理解を図ろうとしている。当然，小中間では，発達年齢の違いから子どもの指導観にずれはあるものの，義務教育全体を視野に入れた指導のあり方について研修している。

例えば，中学校に進学した時，小学校ではなかった生活のきまりや生活習慣になじめず，入学後につまずいてしまう児童がいる。これについて本校では次のように対応している。一貫校として1年生から9年生まで一つの校舎で生活している関係で，新入生が上級生を見て学ぶ機会や，高学年が下の児童の面倒を見る「B＆S」（Brother＆Sister）の実施により，本校の生活の基本を自然のうちに学園生活になじむ機会はある。しかし，他の小学校から入学してくる児童には，なかなか伝えることができない。そこで，本校を含む小学校とのブロックでは，本校の生活のきまりや学習のきまりを参考にして，できるところは実際に指導してみようとしている。

本校では，高学年に合わせて，20分の予鈴，25分までに着席。1年生から9年生まで一体化して行動している。この結果，今まであまり登校時間を意識していなかった低学年では遅刻者が激減した。この例を参考に，各小学校でも生活習慣の確立を目指し，取り入れていこうとする動きが検討され始めた。

このように，小学校が中学校の生活を見通した生活習慣の確立を目指し，中学校は小学校段階の発達段階を考えたうえでの児童理解が進むことで教員相互の理解も深まってくる。

この視点は，品川区小中一貫教育指導要領にもある大きなねらいの一つである。小学校と中学校の教員が互いの指導観をもちながらも理解し，一貫した視点で児童生徒指導を行う活動をしている。

```
2007年度
学園生活のしおり

基本編

品川区立小中一貫校
日 野 学 園
```

2 平成19年度の取り組み

他の中学校では，生活指導主任が小学校へ出向き，中学校の生活を紹介したり，きまりを話すなどの取り組みをしているケースもあるが，本学園では，進路指導担当主幹が，キャリア教育の一貫として小学校に出向き，児童生徒会が日野学園の生活を紹介する広報活動を取り入れてみた。直接，生徒が他の小学校を訪問し，学園生活を紹介することで，訪問先の小学校の児童には受け入れられやすく，評判もよかった。また，保護者が直接，生徒会役員に質問する場面もあり，生徒会役員にも自信となった。

今回の学校紹介は，キャリア教育の一貫としての児童生徒会の広報活動として大変有効であった。今後，今年度の取り組みを学校として組織的・計画的に取り上げ，一般に広く知らせることは，7年生の段階で他の小学校から入学してくる子どもたちや保護者に安心感をもってもらうきっかけになる。「中一ギャップ」といわれている中学校の入学は，小学校と中学校が共通理解のもとで一貫した取り組みを行うことで回避できるはずである。

3 今後の課題

近ごろの児童生徒は，①基本的な学習習慣や生活習慣が十分身に付いていない，②規範意識が低い，③社会自立が遅れている，④コミュニケーション能力，人との交流，意思疎通する力が衰えている，などを指摘されることがある。これらの課題解決には，そこに至るまでの児童生徒の発達過程をしっかり見直し，点検・改善されなくてはならない。それには，小中の具体的な指導の連携により解決していくことを目指したい。今後，4校の連絡会で活発な情報交換を行い，児童生徒の家庭状況や特別支援の必要な子どもについても個人情報を十分留意したうえで，互いの窓口となるよう活動していくことが課題である。

第9節 地域活動

1 五反田地域の清掃活動

　毎月1回，第2土曜日の朝8時30分〜9時30分の間，五反田商店街振興組合が主催する五反田地域の清掃活動に児童生徒会を中心とした有志で参加をしている。清掃活動の参加については児童生徒会朝会で連絡するとともに，給食時にも放送するなど協力を呼びかけている。また，土曜日に部活動がある児童生徒は，部活動開始の前に清掃活動を行うなど積極的に参加をしている。

　定期的な清掃活動の参加は5年生以上としているが，3年生の市民科の単元で，地域のための活動の一環として五反田地域清掃に参加をした児童と生徒が協力をしながら，地域のための清掃活動に取り組んだ。

2 ● 五反田駅前緑化推進活動

　五反田駅東口の駅前の横断歩道の両脇に、土の植え込みのスペースがある。片方が国の持ち物で、もう一方が東京都の持ち物である。五反田の駅をきれいにしようと町会等の方々の呼びかけに日野学園も参加し、きれいにするにはどうしたらいいか話し合ってきた。そして、平成19年1月15日（月）、とても元気のよい5年生が、やる気満々に体操着に着替え、みんなで花を植えに行った。しかし、その空きスペースは、長年放置されてきたので、とにかく土が硬くて、だいぶ時間がかかり難航したが、なんとか、きれいに花を植えることができた。作業をしているときに歩道を通る方々が、一生懸命に植えている姿を見て、「すごくきれいで、すばらしい」と感心している姿があった。5年生たちも約2時間生き生きと活動し、完成した花壇をみて、少し誇らしげな顔をしていた。そして、「また花植えをやりたい」とも言ってくれた。

　平成19年度も5年生が継続して、花壇の手入れを行っている。

第3章
成果と課題

第1節 成 果

　小中一貫校として開校して1年半。新たな教育課程や新たな校務分掌で学校教育に取り組んできた。その結果，一つの学校の一員として児童生徒や教職員の意識が変わってきた。また，9年間を系統的にとらえた教育活動の実践により，「施設一体型の小中一貫校としての教育は何か」を視野に入れながら研究を進めることができた。
　ここに，全国初の施設一体型小中一貫校として開校以来1年6ヶ月間の成果をまとめる。

1 児童生徒

① 全体の学力の定着

　学力の定着を成果として発表するには，まだデータも時間も必要である。しかし，毎年4年生と7年生を対象に行われる品川区学力定着度調査においては，前回に比べて確実な定着が見られるようになった。

② ステップアップ学習の児童生徒への効果

　ステップアップ学習が児童生徒にどのような効果が上がっているか，アンケート調査を行った。

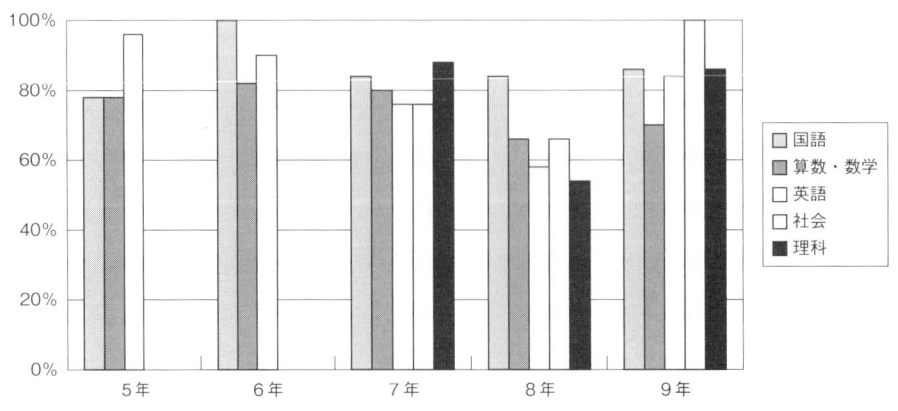

【質問 「ステップアップ学習Ⅰで基礎・基本が身に付いたと思いますか」の回答】
（5・6年のステップアップ学習Ⅰは国，算・数，英の3教科）

　ステップアップ学習Ⅰでは，どの学年も基礎・基本の能力が付いてきたと児童生徒が思っていることがわかる。

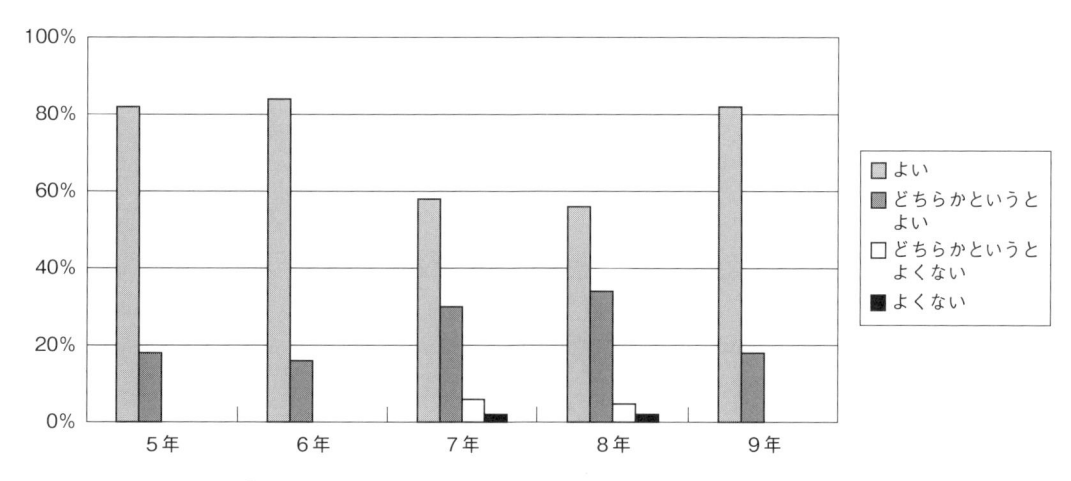

【質問 「ステップアップ学習Ⅱについてどう思いますか」の回答】

　昨年度の児童生徒の意見から，「英検のリスニングがいい」「入試対策をしてほしい」という，キャリアアップをしたいという意見が見られた。そのため，今年度からキャリアアップをさせる段階としてステップアップ学習Ⅱを設定し，各教科に関連する検定試験に参加させた。教科選択している理由として「検定をがんばりたい」といった目標をあげる児童生徒も多く，自分自身の能力向上を目指した取り組みが，よい結果につながったことがわかる。

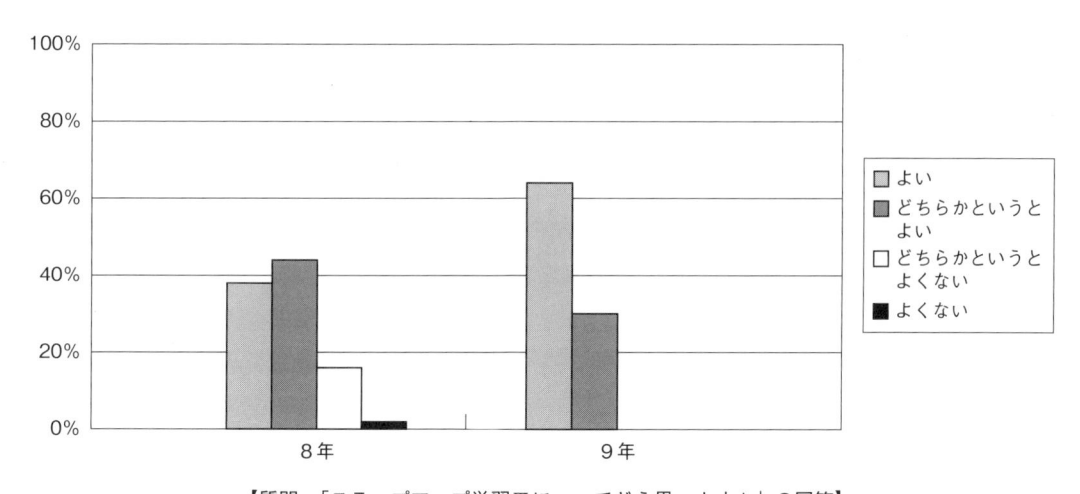

【質問 「ステップアップ学習Ⅲについてどう思いますか」の回答】

　「よい」「どちらかというとよい」を合わせると，8・9年生ともに高い割合で肯定的な回答となった。問題解決的な学習であるステップアップ学習Ⅲが定着し，生徒に受け入れられたものと考えられる。
　このように，ステップアップ学習Ⅰ・Ⅱ・Ⅲの学習形態が児童生徒に理解され，授業に確実に浸透してきていることがわかった。

③ 市民科　心の発達

同様に，市民科についても児童生徒を対象にアンケート調査を行った。その中で特に顕著なものを以下に述べる。

1) 自己管理領域・自己管理能力

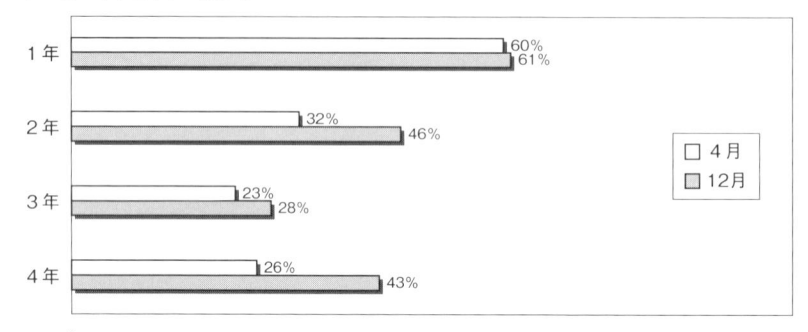

学年	4月	12月
1年	60%	61%
2年	32%	46%
3年	23%	28%
4年	26%	43%

【1～4年 「まいにち，きそくただしいせいかつをしている」（はいの回答）】

年度当初に，4-3-2のまとまりごとに「育てたい児童生徒像」を設定した。1～4年までは，生活習慣の確立を目的に市民科の実践を行った。継続して自己管理領域の指導を行ったことで，4月に比べると自己評価が上がっていることがわかる。

2) 人間関係形成領域・自他理解能力

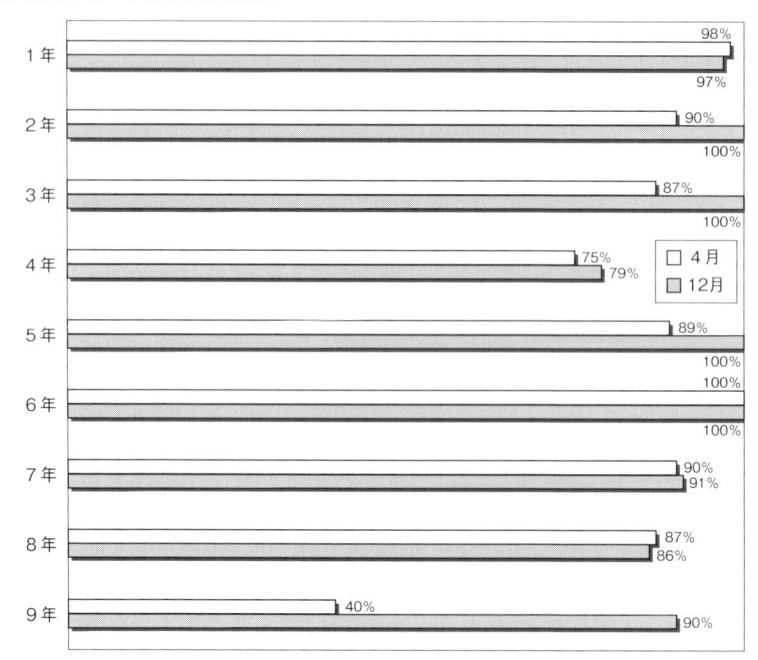

学年	4月	12月
1年	98%	97%
2年	90%	100%
3年	87%	100%
4年	75%	79%
5年	89%	100%
6年	100%	100%
7年	90%	91%
8年	87%	86%
9年	40%	90%

【1～4年「じぶんのいいところがいえる」（はいの回答）】
【5～9年「友達の長所や短所がわかり，ほめたり注意したりできる」】
（5～9年は「よくできる・だいたいできる・普通」を合わせて集計）

人間関係形成領域の内容は、年間計画では4月に位置付けている。（1・2年は自己管理の領域を先に行い、6月に学習する）このことで、どの学年も年度の初めに互いに認め合うことの大切さを学習した。その後も、市民科を中心に他教科や諸活動での話し合いも発表で認め合うことを繰り返した。その結果、約8割を超える数値が得られた。

3）自治的活動領域・社会的判断行動能力

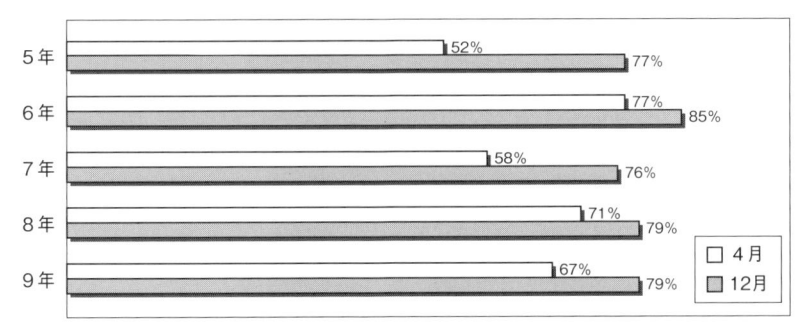

	4月	12月
5年	52%	77%
6年	77%	85%
7年	58%	76%
8年	71%	79%
9年	67%	79%

【5～9年「ニュースで話題になっていることについて、自分の考えが述べられる」
（できる・だいたいできる・普通を合わせて集計）】

さまざまな単元を通して、自分の考え・意見を発表する場面を多く設けた。さらに、将来設計領域の学習で、自分の将来、職業などについて調べたり、実社会に触れる経験をしたりするなかで、社会のできごとや話題に興味・関心をもつようになったと考えられる。

以上の3領域の結果に見られるように、市民科の授業の結果、年度当初と2学期の終わりを比較すると、児童生徒の生活行動に関する意識は確実に高まってきたことがわかる。

④ 問題行動

開校以来、児童生徒の特出すべき問題行動は起こっていない。小中一貫教育がもたらす成果と問題行動の関係については、どの程度の影響があったのかはいまだ不明であるが、年齢差に基づく集団いじめや暴力行為などは全く無く、逆に、幼い児童をいたわる生徒が多くいるという状況にある。

⑤ 不登校

開校以前と開校後の不登校児童生徒については、数の上では大きな変化は見られない。確実なことは、平成18・19年度において、小学校6年に在籍していた児童が7年生として進級した場合には、その中から1人も不登校生徒は発生していないことである。中学生になっても、同じ学校に小学生の時の先生が大勢いるということで、不登校の芽を摘むことができていると思われる。開校以来、2名のスクールカウンセラー（週2日勤務体制）を置くことで、現在、不登校気味の児童生徒に対して適切な指導助言が行われている。

⑥ 他者への愛情

1年生から9年生までの年齢差の児童生徒が学校生活を共にすることで、他者への愛情が感じられる場面を数多く見られるようになった。

○B＆Sの活動時
- 初めは、とても緊張して、あまりやりたくなかったが、やっている最中は特に違和感もなく、むしろ楽しい気持ちのほうが多かった。
- 最初は「大変だろうな……」と思っていました。でも、実際はとても楽しく、仲良くなれてうれしかった。
- 1年生はやっぱりかわいいし、とても素直だと思った。

○6・7年合同移動教室実施時
- （7年生）リーダーシップをとるためには、自分たちがきちんとしないといけないと思う。
- （7年生）自分たちが見本を見せなければならない。
- （6年生）最初はあまり話ができなかったけど、なれてきたらよく話ができるようになってうれしい。
- 移動教室が終わっても話せるようになった。

○文化祭や運動会の保護者アンケートから
- 6Fのフロアで全学年の作品を見ることができて、とても参考になりました。1年生の作品を見ると懐かしく、学年が進めば進むほど自分表現の表し方の違いを感じました。
- 1～9年生の発表で、9年生は少々退屈するのかと思っていましたが、一緒の文化祭を盛り上げようという気持ちが伝わってきました。
- 1年から9年までの年齢差のなかで、こんなにすばらしい応援団は見たことがありません。また、よく皆が協力して楽しんでいました。一貫校ならではの運動会です。

施設一体型小中一貫校は、1年から9年までの児童生徒が一緒に生活、活動することに意義がある。このことをモットーとして、これからも指導を続けていく。

2 教職員

小中一貫校として新たな教育課程や新たな校務分掌で取り組んできた結果、児童生徒や教職員の意識が変わってきた。小中一貫校が開校する前は、小中学校の教員が研修や研究授業を通して意見や情報を交換したことにより、互いの指導方法などの改善に努めることができた。そして、実際に昨年度から一つの学校の中で生活してきて、互いの仕事の内容や指導方法についてさらに理解を深めることができ、小学校の教員と中学校の教員との意識の違いが大幅に改善された。

教員に対して「教師の指導について」「教職員と児童・生徒の関係について」「独自の特色ある教育活動等について」の３種類のアンケートを，研究が開始したばかりの頃と施設一体型の小中一貫校になった後とで実施した。

◎『教師の指導について』
　①児童生徒に学習の準備をさせている。（学習への心構え）
　②児童生徒に指示や説明をしっかり聞かせている。（学習への意欲・態度）
　③児童生徒に正しい姿勢で学習させている。（学習規律）
　④児童生徒を学習に参加させる指示や質問をしている。（学習活動）
　⑤板書が丁寧である。（授業の展開）
　⑥児童生徒の意見を正しく聞き入れ，質問にはわかりやすく答えている。（児童・生徒への対応）
　⑦机間を回り，個々の児童・生徒の学習の様子を確認している。（個別対応）
　⑧授業に工夫が見られる。（授業の工夫）
　⑨ノート等に正しく丁寧に文字や数字を書かせている。（基本的な指導）
　⑩児童・生徒の顔をしっかり見ながら授業を進めている。（状況確認）
　⑪授業のねらいが明確である。（指導）
　⑫一人一人の児童生徒の学習状況を確認している。（評価）
　⑬家庭学習を習慣化させている。（家庭との連携）

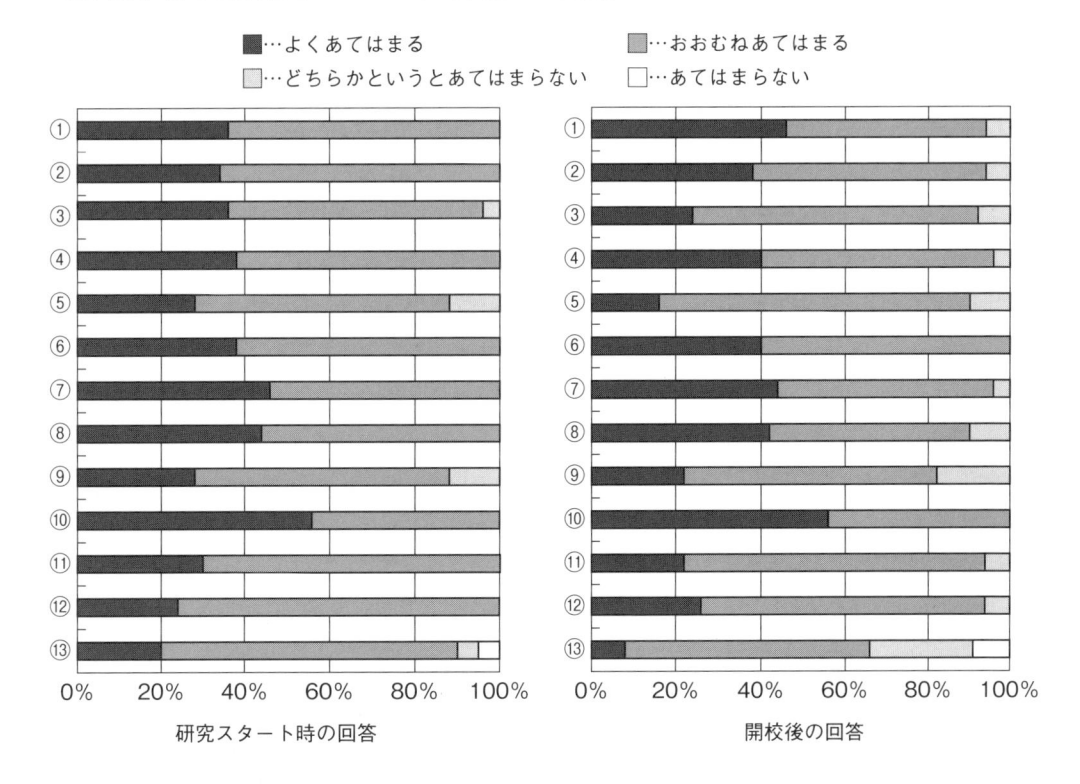

◎『教職員と児童生徒の関係について』
　①児童生徒は教職員に対して，年長者に対する言葉かけや態度で接している。（望ましい人間関係）
　②児童生徒は，教職員の注意や指示を素直に聞き入れている。（毅然とした態度と信頼）
　③教職員は，児童生徒一人一人へ自然に話しかけている。（児童生徒との日々のコミュニケーション）

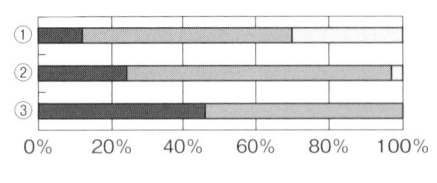

研究スタート時の回答 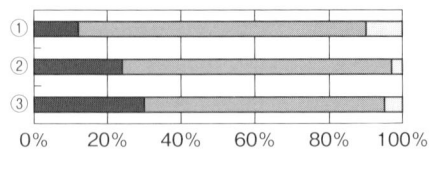　　　　　　　　　開校後の回答

◎『独自の特色ある教育活動等について』
　①1年生から9年生までの学校体制を効果的に利用した学習指導，生活指導，学校運営が行われている。
　②市民科，小英語，ステップアップ学習などの研究を，一貫校として成果を出すために進めている。
　③小中の教職員が，日常の教育活動や行事などにおいて，新しい9年間の学校として機能的に活動している。

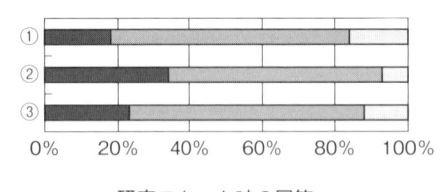

研究スタート時の回答 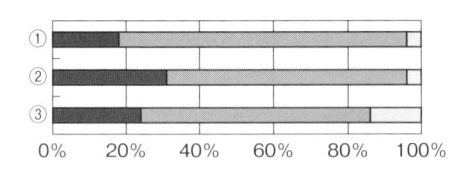　　　　　　　　　開校後の回答

　以上の結果からもわかるように，研究を進めていき，小中一貫校としてスタートしたことで，小中学校の教員が児童生徒に対して共通の考え（指導方法・学習のきまり等）をもって指導するようになった。また，小中学生に対して一つの学校の教員として接するようになり，意識の改革につながった。教員一人一人が，小中一貫の自覚をもってよりよい一貫校を目指すため職務に励むようになった。大人数の教職員が自覚をもって日々努力して仕事をしているため，児童生徒はおおむね落ち着いて学校生活を送っている。今年度は，さらに教職員の"一貫校へ対する理解・意識"に統一感が見られる。「小学校では普通こうだ」「中学校はこうするものだ」という声も減り，気持ちが揃ってきて安定感を感じる。双方の教員間の溝がなくなってきたということに，研究のもう一つの大きな意義を感じ取ることができるのではないだろうか。9年間を系統的にとらえた教育活動の実践，および「施設一体型の小中一貫校としての教育は何か」を視野に入れながら研究を進めた結果の表れである。

3 保護者・地域

　一貫校に対する声について，就学前の保護者に対して入学時にアンケート調査を実施した。

　小中一貫校に対する期待感は，一貫校の開校により，すべての項目において向上した。特に，確かな学力，教育課程，一貫校の特性，豊かな学校環境は期待感が高いことがわかる。しかし，新教科「市民科」については伸びが少なかった。授業内容や目的については，保護者・地域とともに，その有効性を伝えていくことが必要である。市民科についての説明や授業を通して，今後も保護者への理解を深めていきたい。

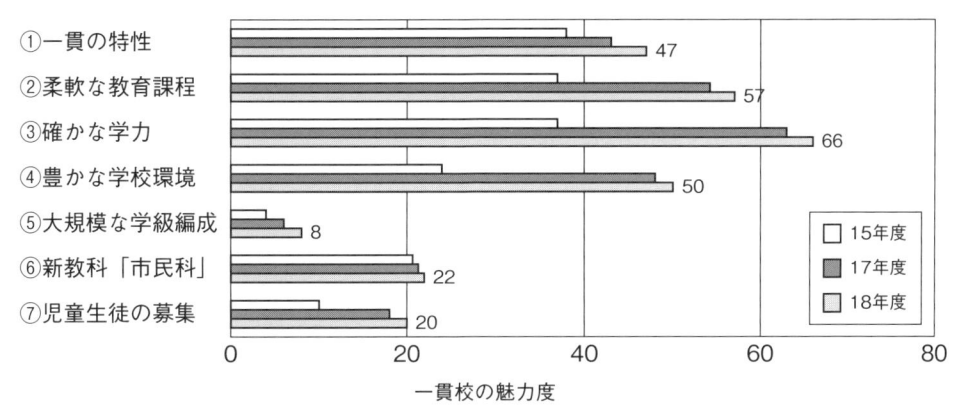

①一貫の特性　47
②柔軟な教育課程　57
③確かな学力　66
④豊かな学校環境　50
⑤大規模な学級編成　8
⑥新教科「市民科」　22
⑦児童生徒の募集　20

一貫校の魅力度（15年度／17年度／18年度）

　具体的には，次のような声が寄せられた。

【「確かな学力」を選んだ理由】
- 校内で十分な力を身に付けてほしいと願っている。
- ステップアップ学習で，今まで身に付かなかったところを見直しながら，確かな学力を身に付けてほしい。
- 習熟度との組み合わせの学習は，十分に学力が身に付くのではないかと思う。
- 嫌いな教科でもやってみたら楽しいということもあるので，短所を長所にしていけるような学習をお願いしたい。

【「柔軟な教育課程」を選んだ理由】
- 家での勉強の様子を見ると基礎・基本の学習が必要で，しっかりと身に付けてほしい。
- 一貫校の教育活動を通して，子どもの個性や能力を反映させた教育をしてほしい。
- きめ細やかな対応ができるのではないかと期待している。
- 大事なことは，一度だけでなく9年間を通して繰り返し学習するなかで身に付けていくことができるのではないかと思う。
- 型にはまらない学習を期待できる。
- 9年間を一貫したことにより，子どもの能力がさらに伸びていくのではと思う。

【「新教科『市民科』」を選んだ理由】
- 変化の激しい社会なので，学校でも市民科を通して社会性を身に付けてほしい。
- 現在の社会は，ニートが増加し，自立できない子どもが多くなってきていると思う。自信をもって社会に出られる子どもを育ててほしい。
- 子どもの数が少なくなってきているなかで，1年から9年生までの幅広い人間関係を通して，自己を振り返りながら社会性を身に付けるための「市民科」の学習に魅力を感じている。
- 学力をつけることはもちろん大切なことであるが，人として人間としての生き方について，学校で学ばなければならないと思うことは悲しい。
- 人間同士のコミュニケーションの大切さを多く学び，小さな目標でも人生の目標でも，何か夢や目標を早くから見つけ出せるような体験ができたらと期待している。
- 伝記などを学び，昔の偉人について学ぶことは，機会を見つけてしないとあまりできないことなので，学校で学ぶことができるのはとてもいいことだと思う。

　これらのことから，小中一貫校は，校舎の内容や規模をはじめとした学習環境の面だけではなく，そこで行われている教育内容の面でも保護者や地域に理解されてきたことを感じる。保護者の学校への関心が高まり，教育活動にも参画する機会が増え，積極的に協力する保護者が増加している。本研究活動や新しい教育活動が，児童生徒の学力向上と学校生活の充実によい役割を果たしていると考える。

4　教育課程

　児童生徒の個性や能力の伸長を図るとともに，豊かな人間性・社会性を育成するために9年間の一貫した教育課程を編成し，実践することにより，次のような成果を見いだすことができた。
- 1～4年，5～7年，8・9年の各ブロック同士，およびブロック内の交流活動を通して，児童生徒の情緒の安定が見られた。特に，前述したB＆Sの取り組みや，交流給食，生徒会活動等を通して，上級生と下級生との交流が進み，不登校や生活指導，心の成長という面でも4－3－2のブロックの教育課程上の編成が指導面でのよさを出している。
- 5・6年における中学校教員による授業の実践や，7・8年における小学校教員の授業の実践を年間を通じて実施したことにより，5・6年での間の教科担任制の効果と5～7年の教科指導の連続性をもたせることが可能であることを確認できた。それにより，小中学校間の接続について学習面でのギャップはなくなった。
- ステップアップ学習の方法・内容が工夫され，個々の児童生徒の能力に応じた学習の態勢が整備され，児童生徒の学習の意欲を高めることができた。また，ステップアップ学

習や習熟度別のコース選択等において学習ガイダンスを定着させ，活発に活用することで，児童生徒が自己の課題を適切に判断できるようになった。
○市民科は，品川区のカリキュラムに加えて本校の独自性をもたせた年間指導計画をもとに，各領域で9年間の系統的な授業の実践を行った。さらに，児童生徒・保護者に市民科にかかわるアンケート調査を年に2回実施し，児童生徒の意識や行動の実態を把握しながら，重点化した指導を的確に行うことができた。その結果が，多くの能力について自己意識の向上につながっている。
○平成18年度から試行実施してきた特別支援教育では，児童生徒の能力を見極め，生活や学習上の困難を改善または克服するために，一人一人に応じて適切な教育や取り出し，指導を行うことができた。また，これを実践していくための特別支援会議等の校内の組織を整備し，教員同士の共通理解を図ることができた。特に，特別支援校内委員会では，当該児童生徒に対する支援のあり方や保護者との連携の検討，個別指導計画および個別支援計画の作成，学級担任や学年等への助言および支援等を行うことができた。よって，19年度からスムーズに特別支援教育を実施している。

以上のように，9年間の一貫した教育課程の編成によって多くの成果を得ることができた。現在も，品川区教育委員会の小中一貫カリキュラム作成委員会が中心となって見直し修正作業が続いている。本校からもすべての教科・市民科に教員がかかわっている。

第2節 課題

　小中一貫校日野学園の研究は、各教科の小中一貫カリキュラムや新設教科、小中合同の行事、きまりの設定等、小学校と中学校を一体化させて9年間を一貫した指導としたすべての取り組みが対象となっている。そのため、施設設備、教育課程、学習内容、学習方法等々あらゆることを網羅していることと、全国で初めての取り組みであることから課題も多様である。ここでは、ハードやソフトについて項目ごとに整理して述べる。

1　施設面

○冷暖房完備の各教室・フロア、体育館や二つのパソコン室・図書室、温水プール、1～4年の各教室にプロジェクターを設置等、最新設備が完備された施設は非常に使いやすい。加えて、これから主体的になる校内ネットワーク等の設備も設置している。今後は、この設備を効率的かつ効果的に活用することが必要である。一例をあげれば、児童生徒の学習履歴を電子カルテにして残すなどの新しい試みを積極的に進めるとともに、IT化についてのプラス面、マイナス面を的確に検証することが必要である。

○本校の施設の大きな特色は、区のスポーツ施設との共同・共有の部分が多いことにある。そのような特色を学校経営の利点として生かす工夫がさらに必要であると考えている。学園開校以来、1年半のところでは、いまだに長期展望に立った施設設備の使い方の計画はできあがっていない現実がある。

○新しい施設であるため、それぞれの設備の維持管理には多額のお金がかかると思う。本校という狭い範囲では、進んだ施設・設備を活用して効果的な授業を行うことはできる。しかし、それを活用しての授業は本校だけができることであり、他の小中学校でも可能というわけではない。そこで、利用価値のある体育館や室内プール等の設備を、区内の他の学校と共有し利用することは意義があると考える。

2　校内組織

○小学校と中学校の枠組みを超えて、一つの組織として校務分掌を組織した。そのため、これまでの学年セクトを生じさせないように、職員室の配置を工夫した。それは、生活指導、研究、教務など9年間というスパンで一貫した計画を立てるうえでは大変に有効であった。しかし、1～9年の縦の連携は意識することで強くなった。その分、学年の

中での横の連携は弱くなっているように思える。どちらも学校経営をするうえで欠かせないものである。これまでのように，学年派閥ができないようにしながら，1～9年までの縦の連携と学年内での横の連携のバランスを取ることが重要である。
○本校の校務分掌（教務部，生活指導部，研究，進路指導，保健指導）は，学校という全体を一つの組織体として運営していくうえで，特に主幹がその分掌の責任者であるなどの意識変革のうえでは効果があった。しかし，ときには仕事内容が重複することや，教職員が50名を超えることにより，職務の細部が見えにくいなどの問題点も指摘された。よって，今後も職務の内容の整理と組織の見直しが必要である。

3 各教科の小中一貫カリキュラム

○本校は，一つの学校に小中学校が共存する。そのため，各教科では9年間を見通した系統性をもたせた年間指導計画を立てることができ，それを毎日の授業として実践している。また，同じ校舎内に小中学校の教員がいるため，授業内容や進度について打ち合わせを頻繁にもつことができた。このような恵まれた環境を生かして，各教科では9年間の一貫したカリキュラムをより洗練されたものにするために，今後も教科カリキュラムの研究開発を進め，改善していくことが必要である。
○学校間が離れている現状の中で進められている小中連携や一貫教育を行う多くの学校のために，本校のもつノウハウを強力に発信することが必要であると考えている。そこで，一貫カリキュラムによる小中のスムーズな連携を行ううえで，イントラの活用など，情報共有のインフラを利用するノウハウについて開発する必要があると考える。
○品川区版の学習指導要領によって本校の学習は行われている。国の学習指導要領の改訂に合わせて，基準としての品川区小中一貫教育要領の見直しが必要になる。その際には，本校の示す資料等が改訂の大きな検討材料にならねばならないと考えている。そこで，そのことを視野に入れて品川区の小中一貫カリキュラムの検証を行っていく必要がある。
○本校では，1年生から英語科を導入することで，早い段階で英語に親しむ児童の姿が見られた。また，小学校段階でも英語専科の教員を配置できるため，各学年の指導計画の立案や評価計画，毎回の授業の準備，ALTとの協議や英語ボランティアの発掘等々に十分な時間をあてることができるだけでなく，教材の開発・選択も専門的な視点から適切なものを選んで購入することができた。さらに，児童英検の導入などにより，小学校の早い段階の英語教育がコミュニケーション能力の育成については大変に効果的であることがわかった。このような成果を今後継続させるためには，英語教育全体をこなすことのできる小学校英語教員を学園内で養成することが大きな課題となっている。

4 市民科

○品川区が作成した教科書を使用しての授業を行ってきた。個々の担任が行う「市民科」の授業は，年々工夫されてきたように思う。1・2年「市民科」の成果が出たかどうかは簡単には言えない。しかし，教えることや指導しなくてはならない事柄は非常に明確になっていると考える。また，1年間で行うべき単元をすべて網羅した年間指導計画を作成し，取り組んできた。しかし，開校初期の行事により，予定されている時間数を完全に行うことは難しかった。これからは，きめ細かく学校の年間計画と「市民科」の年間の単元を照らし合わせて「市民科」の年間計画を立てる必要がある。加えて，保護者や家庭との協力の下に，「市民科」の内容をより充実させることが必要である。

○「市民科」の五つの領域は，学年ごとに重点的に指導する領域がある。しかし，年度によって学年の児童生徒の実態が変化しているため，重点的に指導する領域と，実態に応じた指導領域が違う場合が出てきた。しかし，重点的に指導する領域に時数を多く振り分けているため，児童生徒の実態に合った領域に時間をかけられないことがあった。これも，年度当初の実態調査と指導後の調査を比較して検討し，解決しなくてはならない。

5 ステップアップ学習

○今後，児童生徒数が増えてくる。そうしたときに，各教科の児童生徒の人数配分，教員の配置をバランスよく振り分ける必要がある。また，その関係から，児童生徒の選択授業が確保できなくなる可能性もある。

○各教科の抱える人数が増えることによって，指導も一人一人に十分対応できなくなる。効果的な学習形態や教材の開発を行っていかなければならない。

6 生活指導

○小中学校9年を一貫した系統的な生活・学習のきまりを作った。今までの小学校にはないほど細かい生活のきまり（服装や頭髪に関すること）もあり，小学校教員や保護者も戸惑うことがあった。逆に，中学校からするとあまりにも細かい面（姿勢に関すること）があったり，ルーズな面もあったり（持ち物に関すること）した。お互いのきまりの中間をとることで検討し，実施してきた。しかし，中学校の教員が小学生を，小学校の教員が中学生を指導することにまだ遠慮があり，なかなか適切な指導が行われないこともあった。今後も，生活指導においては一人一人が一貫校の教員としての意識と責任感をもって児童生徒に対応することが望まれる。

7 教育課程・日課表について

○一貫校としての時間割を作成すると，全部で9学年24クラスの時間割をうまく組み立てなければならなかった。教科担任制としての各教科担当や講師の時間と特別教室（音楽室，体育館，校庭，理科室等）の割り振りの関係から，時間割作成に苦労した。また，1～4年部分（学級担任制）もそうしたことを考慮して作成するために制約が多くなった。来年度以降，学級数増に伴い，今年度通りに時間割を組むことが難しい状況にある。新たな作成方法を検討しなければならない。

8 各行事について

○入学式，卒業式は，全学年（1～9年）参加型で行った。小学校低学年も参加するため，実施時間は1時間半が限度であった。また，今後は学級数も増加することを考慮し，実施方法を検討しなければならない。

○運動会も全学年（1～9年）参加で実施した。しかし，保護者からは，児童生徒の参加種目が少ない，時間がかかりすぎる，観客席が少ないなど，なかなか希望にこたえられない内容での要望が多かった。保護者の意識が，従来の運動会へのイメージが強いことが原因である。本校が小中一貫校であることを考え，保護者が新たな意識で行事を見ていただけるよう理解を図る必要がある。

9 4-3-2のまとまりについて

○4（1～4年の4年間），3（5～7年の3年間），2（8・9年の2年間）のまとまりについては，9年間の系統的な学習，生活指導との関連付けが弱かった。9年間を見通した三つのまとまりごとの取り組みを，より明確にすることが必要である。

10 小中学校教員の意識について

○一貫校になる以前は，「小学校の教員は～」，「中学校の教員は～」という言葉がそれぞれの教員間でよく聞かれた。一貫校になったことで，共通の目的（研究の実践，一貫校の行事を含めた取り組み）に向かって実践，実施することができた。しかし，意識の中には，まだ小中学校それぞれの教員であることが抜け切れていない。継続していく学校として，小中学校の教員という意識ではなく，一貫校という学校の教員という意識でさまざまな取り組みを研究していかなければならない。

資料① 年間行事予定表

平成19年度 年間行事予定 日野学園 H19.3.7

資料② 週時程表

H19.3.9

- 児童生徒登校時間
  8:00-8:25

- 下校時刻
  16:00（1-4年）
  16:10（5-9年）
  18:30（部活動等の場合）

- 職員の打ち合わせ
  8:15 − 8:23

◎週時程の主な特徴
- 金曜日に「全校朝礼」「児童生徒会朝礼」等を設定する。
- 1〜4年は、休み時間を5分間で、2〜3校時の間には10分間の中休み時間を設定する。5〜9年は、休み時間を10分間で設定する。
- ステップアップ学習Iは、金曜の7校時化に対応し、月〜木曜の4回にして、放課後に実施しない。
- 清掃は、放課後に行うが、金曜日は昼休みに行う。
- 終学活・清掃等終了後30分後に下校。

平成19年度小中一貫校日野学園週時程（1−4年）

	月曜日		火曜日		水曜日		木曜日		金曜日	
8:25- 8:35	朝学活	5	朝学活	5	朝学活	5	朝学活	5	全校朝礼	10
8:35- 9:00	ステップI	25	ステップI	25	ステップI	25	ステップI	25	①市民科	45
9:05- 9:50	①	45	①	45	①	45	①	45	②	45
9:55-10:40	②	45	②	45	②	45	②	45	③	45
10:50-11:35	③	45	③	45	③	45	③	45	④	45
11:40-12:25	④	45	④	45	④	45	④	45	給食	40
12:25-13:05	給食	40	給食	40	給食	40	給食	40	昼休み	20
13:05-13:25	昼休み	20	昼休み	20	昼休み	20	昼休み	20	⑤	45
13:30-14:15	⑤	45	⑤	45	⑤	45	⑤	45	清掃・昼休み	45
14:20-15:05	⑥市民科	45	⑥	45	⑥	45	⑥	45	⑥	45
15:05-15:35	清掃・終学活	30	終学活・清掃	30	清掃・終学活	30	清掃・終学活	30	終学活	10

平成19年度小中一貫校日野学園週時程（5−9年）

	月曜日		火曜日		水曜日		木曜日		金曜日	
8:25- 8:35	朝学活	5	朝学活	5	朝学活	5	朝学活	5	全校朝礼	10
8:35- 9:20	ステップI	25	ステップI	25	ステップI	25	ステップI	25	①市民科	45
9:30-10:15	①	45	①	45	①	45	①	45	②	45
10:25-11:10	②	45	②	45	②	45	②	45	③	45
11:20-12:05	③	45	③	45	③	45	③	45	④	45
12:05-12:35	給食	30	給食	30	給食	30	給食	30	給食	30
12:35-13:05	昼休み	20	昼休み	20	昼休み	20	昼休み	20	昼休み・清掃	30
13:05-13:50	⑤	45	⑤	45	⑤市民科	45	⑤	45	⑤	45
14:00-14:45	⑥	45	⑥	45	⑥日野タイム	45	⑥	45	⑥	45
14:55-15:40					終学活・清掃	30			⑦	45
15:40-15:50									終学活	10

◎色分け
学活等 ／ 市民科 ／ 根っこ(1-4年)、ステップI(5-9年) ／ 給食、昼休み等

ステップI ／ ステップII・III

資料③　各教科，ステップアップ学習，英語科，市民科の年間授業時数配当表

領域	学年	1年	2年	3年	4年	5年	6年	7年 一貫校	7年 一貫校要領	7年 学習指導要領	8年 一貫校	8年 一貫校要領	8年 学習指導要領	9年 一貫校
各教科	国語	284	290	285	285	200	195	173(+19)	172	155	117	117	117	117
	社会			70	85	90	100	117(+14)	117	117	117	117	117	95
	算数／数学	114	160	205	205	170	170	133(+17)	133	117	117	117	117	117
	理科			70	90	95	95	117(+14)	117	117	117	117	117	89
	生活	102	105											
	音楽	68	70	60	60	50	50	50	50	50	39	39	38	39
	図画工作・美術	68	70	60	60	50	50	50	50	50	39	39	38	39
	家庭／技術・家庭					60	55	78	78	78	78	78	78	39
	体育／保健体育	90	90	90	90	90	90	100	100	100	100	100	100	100
	英語	35	35	35	35	35	35	117(+14)	117	105	117	117	117	117
	小計	761	820	875	910	840	840	935(+78)	934	889	841	841	839	752
ステップアップ学習	I（根っこの学習）（国語）算数	78	78	78	78	78	78							
	I（国語）社会 理科 英語							(78)			78			78
	II（国語）社会 理科 英語					36	36							
	II（音楽）図画工作 家庭（体育）					37	37							
	II（国語）理科 数学 英語							39						
	II（音楽）美術 家庭							39						
	II（国語）理科 数学 英語										17			
	II（国語）社会 英語 理科										39			39
	III（保健体育）美術 技術・家庭										39			39
	III（国語）社会 理科 数学 英語													78
	III（保健体育）美術 家庭													
	小計	78	78	78	78	151	151	78	0～78		173	130～174		234
市民科		70	70	70	70	105	105	117	117		117	117～156		117
日野タイム ※1								8			7			35
総計		909	968	1023	1058	1096	1096	1138	1128	1089	1138	1128	1089	1138

※1　日野タイムは，週時程の中に設定し，ステップアップ学習，必修教科，市民科等の授業として有効に活用する時間とする。

※2　7年では，必修授業とステップアップ学習とのつながりを図る。具体的には，必修教科等の時数のうち，国語，社会，数学，理科，英語について，それぞれ19，14，16，14，14時間分をステップアップ学習に充てる。

次の10年をみつめて

品川区立小中一貫校日野学園副校長　勝　進　亮　次

　平成18年4月の開校以来，2000人を超える教育関係者が日野学園を訪問されました。日野学園に自分の学校の改革のためのヒントを求めて来られた方もいらっしゃいました。施設一体型の小中一貫校のスタイルに村の教育行政の存亡をかけた行政官もいらっしゃいました。また，今は無理でも，将来の学校像を描いてお帰りになった管理職もいらっしゃいました。

　全国各地，そして海外からの来校者は，みな日野学園の教育方法，施設に驚き，憧れの目をもっていました。今を変えようと必死になっているのかもしれません。

　今，義務教育は一つの転機にさしかかっています。戦後間もなく作られた6・3制の制度が子どもたちの成長に合わなくなってきたのです。制度疲労ともいえるでしょうか。どのような教育改革を行っても，制度が変わらない限り本格的な変化にはなりません。

　日野学園は，最も早くスタートした施設一体型一貫校です。教師の意識は大きく変わりました。それによって，学校も旧来の体質から変わりました。

　私たちは，さらに次の10年を見つめています。未来を予想することは難しいことですが，未来を想像することは楽しいことです。10年後の日野学園はどうなっているか，想像してみましょう。

- 義務教育9年間のパイオニアとして，区内の名門校となっている
- すべての学年で教科担任制を導入し，指導法の研究を行っている
- 能力に応じて学年を超えた指導体制が完成し，心と体が高度に育成されている
- 地域立学校，品川区一番のコミュニティースクールとなっている
- 公立学校としては初めて，新1年生に入学選抜試験を実施している

　どれをとっても今は，想像の域を超えません。しかし，10年前，だれが今のような施設一体型小中一貫校開校を想像していたでしょうか。

　平成27年3月，この学校で9年間過ごした最初の子どもたちが卒業します。その時，本当のこの学校の成果が問われることになります。現在の職員のほとんどは，すでに他校に異動となっているはずです。しかし，人が変わっても日野学園の教育体制は維持されなければなりません。そのことが大きな成果といえるはずです。

執筆に関わった教員

菅谷　正美	米塚　裕貴	西島　勇	勝進　亮次
森嶋　尚子	菅原　展生	三村　伸一	杉浦　雅人
山口　晃弘	大滝　さつき	井口　明	小林　絵里
吉田　真美	橋本　真弓	板橋　海	大石　あゆ美
鈴木　正美	和田　瞳	石川　聡枝	園田　和子
吉川　信次	上條　京子	丸子　寛美	栗原　淳子
芦川　龍彦	八代　泰子	逆井　隆雄	橋爪　美奈子
柳川　晋利	小川　直子	久保　誠	巻山　香
永田　睦子	豊島　悦子	小林　義和	宮田　朱里
高草木　均	楠　暁	臼田　治夫	飯田　憲史
黒沢　かおり	菅野　幸枝	大竹　基之	加藤　伸作
岡﨑　伸一	石井田　明	小野川　幸江	吉本　奈央
吉田　進	徳田　恭子	青木　栄祐	

これまで研究に携わった教員

竹内　秀雄	田揚　宣之	圓山　賢吾	津山　文
池田　王	寺村　明子	児玉　聖子	吾妻　優子
八幡　郁美	根岸　順一	小野澤　昭宏	伊村　まゆみ
松本　彰弘	福沢　美紀子	高橋　武良	市村　信一
遠藤　秀加寸	坂詰　幸三	速水　邦彦	能崎　理恵
村上　恵子	戸田　有子	田中　裕	山田　裕仁
草薙　春子	鈴木　百合子	阿部　敏弘	大貫　由貴
谷口　典子	長場　勉	岩科　久子	須貝　奈津代
山口　敏彦	冨安　誠哉	中尾　雅一	光永　喜美子
松川　義信	大貫　由季	青木　英	福島　芙美子
中元　順一	小松　重樹	林　裕行	小山　千景
高木　陽子	鈴木　潤	渡邉　裕子	木村　奈穂子
阿部　暁	堀内　有子		

小中一貫の学校づくり

2007年11月9日　初版第1刷発行

監修者　亀 井 浩 明

著　者　品川区立小中一貫校 日野学園ⓒ

発行者　小 林 一 光

発行所　教 育 出 版 株 式 会 社
　　　　〒101-0051　東京都千代田区神田神保町2-10
　　　　電話 03-3238-6965　　振替 00190-1-107340

Printed in Japan
落丁本・乱丁本はお取替えいたします。

組版　日本教材システム
印刷　モリモト印刷
製本　上島製本

ISBN978-4-316-80227-5　C3037